爱立方
Love cubic

育儿智慧分享者

微信扫描以上二维码,或者搜索"爱立方家教育儿"公众号即可加入"爱立方家教俱乐部",阅读精彩内容:

让书成为孩子最好的玩具

爱学习的孩子在家都在做什么

How to Make Your Child A Golden Brain

〔日〕安河内哲也 ◎著　林品秀 ◎译

北京理工大学出版社
BEIJING INSTITUTE OF TECHNOLOGY PRESS

版权专有 侵权必究

图书在版编目（CIP）数据

让书成为孩子最好的玩具：爱学习的孩子在家都在做什么 /（日）安河内哲也著；林品秀译. — 北京：北京理工大学出版社，2015.11
ISBN 978-7-5682-1263-2

Ⅰ.①让… Ⅱ.①安…②林… Ⅲ.①家庭教育 Ⅳ.①G78

中国版本图书馆CIP数据核字(2015)第219962号

Benkyo ga dekiru kodomo no katei wa nani o shiteiruka? by Tetsuya Yasukochi
Copyright © 2011 Tetsuya Yasukochi
Edited by CHUKEI PUBLISHING
Original Japanese edition published by KADOKAWA CORPORATION
Chinese translation rights arranged with KADOKAWA CORPORATION
through EYA Beijing Representative Office
Simplified Chinese translation rights © 2015 Beijing read product joint culture media co，ltd

著作权合同登记号 图字：01-2015-5563

出版发行 /	北京理工大学出版社有限责任公司
社　　址 /	北京市海淀区中关村南大街5号
邮　　编 /	100081
电　　话 /	（010）68914775（总编室）
	82562903（教材售后服务热线）
	68948351（其他图书服务热线）
网　　址 /	http://www.bitpress.com.cn
经　　销 /	全国各地新华书店
印　　刷 /	三河市九洲财鑫印刷有限公司
开　　本 /	700毫米×1000毫米　1/16
印　　张 /	11.75
字　　数 /	125千字
版　　次 /	2015年11月第1版　2015年11月第1次印刷
定　　价 /	29.00元

责任编辑 / 李慧智
文案编辑 / 李慧智
责任校对 / 周瑞红
责任印制 / 边心超

图书出现印装质量问题，请拨打售后服务热线，本社负责调换

前言

我从 19 岁开始从事补习班教师的工作,至今我教过的小学生以及中学生,早已不计其数。如果再加上大学入学考试准备的指导,我所接触过的努力念书的孩子们,应该也有数千人左右。

有拼劲的孩子、没有拼劲的孩子,有活力的孩子、没活力的孩子,成绩进步的孩子、没有进步的孩子,考试合格的孩子、没通过考试的孩子……我所接触过的孩子,真的有成百上千种。

我与他们在教室里开心热闹地度过每一天,不知不觉地,从事"教学"这项工作已经过了 20 多个年头。

与这么多孩子接触的经验中,我有一个发现。

那就是,双亲的想法,会大大地影响孩子对于念书的想法,而这个倾向在孩子年龄愈小的时候,愈是明显。

实际上,从幼儿期到中学时期这个阶段至关重要,期间所形成的观念,要在往后进行修正,更是难上加难。

当然,以高三学生为对象的补习班或是重考班会尽最大努力,充分激发每一个学生的潜能,帮助他们提升在准备考试时的效率,使他们成绩进步。

但是,关于"思考力""灵活性""思辨性""韧性""音感""读书的能力""享乐的能力""速度感"等,这些学习时真正需要的主要能力,到了这个时期,不容易产生戏剧性的转变。

为什么呢?因为这些能力是要在家庭中长时间培养的。当然,就算面临考试前的准备程度完全相同,但是,拥有前述能力的孩子们,成绩的提高幅度或是合格率,也比其他没有这些能力的孩子要高得多。

决定孩子学习能力的场所,我认为学校或是补习班很重要。但是,最重要的场所还是"家庭"。家庭内的环境可以左右孩子的学习能力。因此,如果您认为"孩子不用管,也会自己成长"而采取放任态度的话,就会抹杀孩子与生俱来的潜力,这实在很可惜。

请不要将培养孩子学习能力的重责大任,推到学校或补习班那些"不相干的人"身上。整顿好家庭内部的环境,尽可能地启发孩子的学习能力,才是给予孩子生命的父母应尽的责任。

21世纪,是"学习能力"挂帅的时代。为适应现代瞬息万变的社会,如何培养孩子们自主学习的能力、在竞争下生存的能力,就是我在本书中想要跟各位分享的。

本书介绍的不是抽象的育儿论理,而是以在补习班以及家庭中的经验为主,具体说明孩子需要"做什么?""如何做?""何时做?"的丰富内容。

育儿,也是一种能够再次体验自己如何成长,或是追寻不同梦想的精彩冒险。希望大家能在家庭这个游乐园中，充分享受这个人生只有一次的美好体验。

安河内哲也

2011 年 5 月

目录

Chapter 1
父母奠定孩子人生的基础

1. 没有了父母,孩子们还能过着幸福的人生吗? 　　002
2. 有了"个人潜力",就能在社会上生存 　　007
3. 有了"学习能力",人生的选项就会增加 　　010
4. 能同时培养个人潜力与学习能力的"经验教育" 　　012

Chapter 2
孩子真正的学习能力,要由"经验教育"来培养

1. 国语:有意识地让孩子多接触母语(日文) 　　016
2. 算术(数学):利用益智游戏等,来锻炼数学能力 　　025
3. 理科:参观科学馆以及体验自然 　　029
4. 社会:让孩子了解实际的社会 　　033
5. 经验教育成功的秘诀,就是"若无其事"地实行 　　038
6. 让孩子自由体验,经验教育才有效果 　　042

Chapter 3
培养聪明孩子的"家庭环境"营造方法

　　1. 把家里布置成"学习主题乐园"　　　　　　　　　　046
　　2. 让"餐桌""客厅"都成为全家人的学习空间　　　　048
　　3. 事先将书籍随意摆放于家中各处　　　　　　　　　051
　　4. 让孩子阅读能够提升词汇能力的漫画　　　　　　　054
　　5. 孩子看电视时，要问他："为了什么而看？"　　　056
　　6. 筛选并录下优良节目，容后再看　　　　　　　　　059
　　7. 打电玩时，引进"延长规则"　　　　　　　　　　061
　　8. 如何引导孩子正确使用网络　　　　　　　　　　　064
　　9. 借助收音机或有声书锻炼听力　　　　　　　　　　066
　　10. 在厕所张贴默记用资讯　　　　　　　　　　　　　070
　　11. 将"一天3分钟"，作为家庭学习时间的基准　　　072
　　12. 让孩子接触"好事"，远离"坏事"　　　　　　　074
　　13. 通过家人间的对话，锻炼孩子的思考能力　　　　　076
　　14. 根据孩子个性，选择适合的学业补习班　　　　　　080

Chapter 4
激发孩子"拼劲"的八个方法

　　1. 请家长成为孩子远远的"管制塔台"　　　　　　　084
　　2. 让孩子尽情投入感兴趣的事物　　　　　　　　　　088
　　3. 不用"直球"方式明说，采取迂回战术　　　　　　091
　　4. 帮孩子修正轨道时，要从远处，慢慢地微调　　　　095
　　5. 越是孩子成绩退步时，越要坚定地说："不要紧！"　098
　　6. 称赞、称赞，铆起来称赞　　　　　　　　　　　　101
　　7. 好好调理孩子的睡眠、饮食习惯　　　　　　　　　103

8. 以行动而非话语表态　　　　　　　　　　　107

Chapter 5
顺利的"初中入学考试"、失败的"初中入学考试"

1. 是"小时了了"的孩子，还是"大器晚成"的孩子　　　112
2. 要是在准备初中入学考试时就已身心俱疲，会发生什么事呢?　　117
3. 保存"余力"，选择入学后能够及格的学校　　　121
4. 请务必与孩子一同参观学校　　　124
5. 想要顺利通过初中入学考试，如何做学习计划　　　126
6. 补习班也是能运用的手段　　　128
7. 进入公立初中就读，是提升学习能力的良机　　　136

Chapter 6
从小学开始的"英语教育"

1. 该从什么时候开始学英语呢　　　140
2. 只有拥有日语（母语）的稳固基础，才能培养英语能力　　　142
3. 到小学四年级之前，让孩子以玩游戏的感觉接触英语　　　146
4. 让孩子从小学五六年级起，慢慢地了解"动词使用方法"或"发音"　　　148
5. 利用升初中前的春假，正式认真展开英语学习　　　153
6. 进入公立初中就读时的英文学习法　　　155
7. 进入初、高中直升学校就读时的英文学习法　　　158

Chapter 7
从小学高年级起，教导孩子"社会运作机制"

1. 避免孩子因"学校"与"社会"的落差而受苦　　　　　162
2. 和孩子谈自己的工作　　　　　　　　　　　　　　　165
3. 对孩子想要的东西，不要立刻买给他（她）　　　　　168
4. 在家里确实讨论金钱问题　　　　　　　　　　　　　170

结　语　　　　　　　　　　　　　　　　　　　　　　　173

Chapter 1

父母奠定孩子人生的基础

1. 没有了父母，孩子们还能过着幸福的人生吗？

◎ 对你而言，育儿的"最终目标"是什么？

我想问各位读者一个问题。

对大家而言，育儿的最终目标是什么呢？

在日常生活当中，我们称赞孩子、责骂孩子，也陪孩子一起玩耍、学习，又是为了什么呢？

"希望他能够受到大家的喜爱，一辈子幸福。"

"希望他一生衣食无虞。"

"希望他能够克服任何困境，成为一个坚强的人。"

相信大家的答案都各不相同。但是，我想，这些答案的共同点，应该就是这样的父母心吧：

"就算父母已不在人世，希望孩子也能在社会上有自己的一席

之地，并且度过幸福的人生。"

我因为从事补习班教师工作的关系，接触过为数众多的父母。而在与他们亲自谈话的过程中，我感觉到的是，尽管言语上的表达不同，但这些父母的心底，都有着上述的愿望。

◎ 幸福人生的所须要件是，"学习能力"以及"个人潜力"

但是，关于"幸福人生"的所须要件，每个父母想法都不尽相同。

"进入好的大学、好的公司。"
"比起学历，强韧的性格比较重要。"
"要有与人沟通的能力。"

按照我个人的经验，我认为，要让孩子享有幸福的人生，所须的条件大致可分为两项。

那就是"学习能力"以及"个人潜力"两项。

◎ 学习能力——出了社会，一样需要持续学习

所谓的"学习能力"，就是"有效学习的能力"。在学校考试时，拿到好的分数，或是通过初中、高中、大学的入学考试，当然都是这项能力的一种。

但是，"学习能力"并不止于上列所述。进入社会以后，学习还是

需要持续的。此时,"学习能力"="有效学习的能力"就会成为必要的情况。

例如,从事业务工作的人,一定会面临"如何增加顾客""如何更加提升及展现商品魅力"等课题。

为解决这些课题,我们读书,或是听取前辈的建议、参加讲座等,这些都是学习。

再者,如果从事跨国相关项目,也就会有必要去学习英语,或是第三种语言。

除此之外,关于税务、会计、法律的知识,不管对什么样的工作而言,都是很重要的,无论如何都需知道大概才行。

学习是终生的。

就因为如此,学习能力才更需要从早期开始培养,不管任何方面的事物,都要能够有效学习,才有可能度过日后的幸福人生。

◎ 个人潜力①——对结果最关键的是"努力"

但如果只有"学习能力",出了学校、踏入社会后,社会生活是无法一路顺遂的。

就算头脑再好,也无法在社会上拥有自己的一席之地,甚至有可能,连"学习能力"也无法充分地发挥出来。

此时,我们所需要的,就是"个人潜力"。

谈到"个人潜力",也许大家的印象都是很模糊的。说得更具体一点,我认为,个人潜力就是下列两种能力:

个人潜力①努力与拼劲。

个人潜力②与他人共处的能力。

第一项"努力与拼劲",意思是,一旦有了自己的梦想或目标,就有了能够永不放弃地为之拼搏奋斗到底的能力。

不论是多么成功的人,过去都一定有不顺遂的时期。但是,当时他们绝对没有放弃,正因为如此,才取得了成功。

在我教课的补习班里,有一位百万畅销书作家。我曾问他:"要怎么做,才能写出畅销书呢?"

那时,他回答我:"持续写作,直到写出畅销冠军为止。"

当时的我,写了许多本书,却都卖不好,正在烦恼问题到底是出在哪里,所以问他写出畅销作品的秘诀。听了他的回答,我更确信:"果然持续不断的努力还是最重要的呀!"

如果你想实现你的梦想或是目标,重要的就是,不论如何,贯彻到底。为此,我们需有"努力与拼劲"这项能力。

只要孩子们拥有这项能力,在漫长的人生当中,就能够一项接着一项地达成自己的梦想或目标,并进而拥有幸福的人生。

◎ 个人潜力②——能与他人共处的话,在何处都能生存下去

第二项能力是"与他人共处的能力"。

"与他人共处的能力",就是在"一样米养百样人"的社会当中,

能够与他人和谐共处；能够理解自己所扮演的角色，并充分尽责；还有，能够明快地表达自己的意见，让周围的人感到愉快等。

一旦拥有"与他人共处的能力"，不管进入什么样的公司，不管身处什么样的组织，在什么样的区域社会里生活，都能够得到周围的高度评价。

如果可以在社会中找到自己的容身之处，就可以度过幸福的人生。相反地，如果孩提时没有培养"与他人共处的能力"，长大成人也就无法建立良好的人际关系，事事皆不顺遂，导致人生不如意。

如果您希望孩子能够拥有幸福的人生，孩子的"学习能力"以及"个人潜力"这两项能力就是必须要培养的。

所以，我认为在养儿育女的过程中，将重心置于培养这两项能力，借此从各方面协助孩子，就是最重要的工作。

2. 有了"个人潜力",就能在社会上生存

◎ "个人潜力"应优先于"学习能力"

那么,要如何培养"学习能力"以及"个人潜力"呢?

如果这两项能力能够同时提高,当然是最好的。不过,对我而言,这两项能力是有优先顺序的。

那就是"个人潜力"必须优先于"学习能力"。

这是因为,只要培养好的"个人潜力",之后,"学习能力"还能够急起直追。

我有一个学生,曾参加过奥运会,还拿过奖牌,是一位20岁左右的青年。他在倾注全力于竞赛生活之后,开始朝新梦想迈进,准备参加大学入学考试。

他的学业,在高中毕业之后,虽然有过几年空白,但开始准备大学入学考试之后,他的成绩就有了惊人的进步。

他是个在奥运会上拿过奖牌的运动员,过去必定经历过很长一段时间一步一个脚印的练习。他所具有的"个人潜力"中,其中一项"努力",

就是因此而养成的。

所以，只要将这项能力转向学习方面，"学习能力"就能轻易地有所提升。

我至今教过几千个学生，像他这样的例子，比比皆是。

尽管在刚进入补习班时，成绩不甚理想，但他们的学习能力，却都在短短的时间内，有了大幅度的提高。

"个人潜力"是一切能力的基础

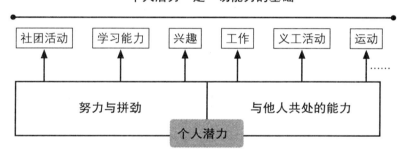

他们的共同点是，不管在社团活动方面，或是兴趣方面，都曾有全力以赴的经验。他们的"努力与拼劲"，就是在这当中培养起来的。

◎ "与他人共处的能力"能够帮助孩子有效学习

再者，构成"个人潜力"的另外一项要素——"与他人共处的能力"，在帮助学习能力的提升上，也扮演了相当重要的角色。

例如，对于自己不知道的知识，请教他人，就可以了解。对于自己做不到的事情，请他人协助，就可以完成。

就像这样，在与他人的相处当中，我们都能够达到学习的效果。

这也可以说是一种有效的学习能力。当然，我们的"学习能力"也会因此成长。

因此，在教养孩子的过程当中，培养他们的"个人潜力"是特别重要的。

"个人潜力"有所成长，"学习能力"也会连带提升。

特别是在孩子还小的时候，不应该只追求眼前的"分数"，应该好好培养他的"个人潜力"。

如此一来，就结果而言，也就能带动孩子的学习能力与分数的提高。

3. 有了"学习能力",人生的选项就会增加

◎ **父母对于"学习能力"也须加以关注**

"个人潜力"的确比"学习能力"重要。但是,不容忽视"学习能力"的重要性。对于"只要孩子能够成为健康的人,念书是没有必要的"的这种看法,我是持反对态度的。

长大成人之后,我们通常都会忘记小时候念过的书,但是,对"要如何学习"这一点是不会忘记的。因此,我们才能不断地学习。

所谓"学习能力",如同字面所述,就是"学习的能力"。而"学历"就是衡量学习能力的其中一项指标。

我认为,让孩子为了准备入学考试而念书,也是一个培养他们学习能力的好机会。

这样的经验,同时也会对他们未来在社会上的生存,大有助益。

◎ **成为奥运选手,比考进东京大学更为困难**

我相信,有一部分人对于"入学考试"有着非常痛苦的印象。但是,

其实入学考试本身并没有令人惊讶的高难度。比起培养自己的孩子成为奥运选手，入学考试实在是简单得多。

让我们用数字来做个比较。参加2008年北京奥运会的日本选手，有300多人。日本的人口大约是1.2亿，所以，成为奥运选手可以说是相当高的门槛。

另一方面，每年考上东京大学以及京都大学的人数，大约是3 000人，考上早稻田大学的大约是18 000人，考上庆应大学的大约是10 000人。由此可见，考上一流大学的可能性，远高于成为奥运选手。

所以，我们不应该过度在意"学历"或是"学习能力"，放松心情地为孩子营造一个能够开心念书的环境即可。

4. 能同时培养个人潜力与学习能力的"经验教育"

◎ "个人潜力"与"学习能力"并非相互冲突

到目前为止,我们针对"个人潜力"与"学习能力"讨论了不少,不过,我相信仍有不少人认为这两项能力相互冲突。

如果要提升孩子的"潜力",他学习的时间就会被迫缩短吧?

如果要提升孩子的"学习能力",就必须牺牲他个人潜力上的发展吧?

但是,这样的担心其实是不必要的。因为,"个人潜力"与"学习能力"是有办法同时培养的。

办法就是以幼儿园、小学时期为主的"经验教育"。

所谓"经验教育",就是让孩子经历各式各样的体验,在这些过程当中,培养他们的"学习能力"与"潜力"的教育方法。

经验教育包括各式各样的内容。

跟朋友一起玩捉迷藏的游戏、与有趣的大人聊天、阅读、家庭旅行、参观博物馆、折纸、拼图、演奏乐器、露营、去河边玩、抓昆虫……都

Chapter 1　父母奠定孩子人生的基础

"经验教育"可增进各方面的学习

（以家庭旅行为例）

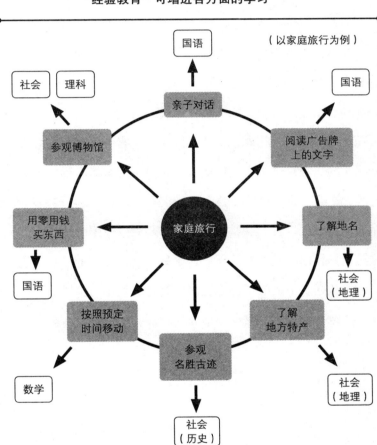

是经验教育。父母要做的是充分为孩子制造这样的机会，来协助孩子"个人潜力"以及"学习能力"的成长。

◎ 接受过"经验教育"的孩子，成绩才会进步

"经验教育"同时也是消弭学习与玩乐之间界线的好方法。

对于没有意愿的事情，就算勉强孩子去做，孩子也无法学习到其内容。这是因为脑部会出现拒绝反应。

相反地，孩子对于自己有兴趣的事情、有趣的事情、开心的事情，就会一项接着一项地去接触，也能达到令人惊喜的吸收程度。

光看字面，也许会觉得"经验教育"是一项舍近求远的方法。

但是，要增进孩子的学习能力，比起提早让他们读教科书及参考书，或是做题库，首先进行"经验教育"，才是更有效率的捷径。

这是我到目前为止教导过无数孩子后实际体会到的一点。进补习班之后，成绩扶摇直上的孩子，都是接受过经验教育的孩子。

在下一章，我要为大家详细地介绍"经验教育"的内容。

Chapter 2

孩子真正的学习能力,要由"经验教育"来培养

1. 国语：有意识地让孩子多接触母语（日文）

◎ **头脑聪明的孩子，其共同点就是具有"国语能力"**

接下来，我们要一起来看看怎么进行"经验教育"。

在这一章，我要特别为大家介绍的是与"国语""算术（数学）""理科""社会"等四科结合的例子（"英语"会在第六章为大家叙述）。首先，从"国语"开始。

我在补习班见过许多被称为"头脑很好"的孩子。他们的共同点是"优秀的日文能力"。他们都相当擅长使用文字，逻辑能力也十分优秀。也就是说，他们的共同点就是具有"国语（母语）能力"。仔细想想，这也是理所当然的。因为，所有的科目都是基于母语（日文）能力之上的。

尽管算术（数学）或是理科等主要内容，都是数字或是算式，但要理解其中的基础想法，需要的都是对"文字"的理解能力，因此国语（日文）能力就是必须具备的。

所以，国语能力就是所有学习的基础。

实际上，有许多学生就是因为国语能力较弱，而无法通过顶尖大学的入学考试。那些被称为顶尖大学的入学考试题目,不管任何科目在作答时都需要思考能力,目的是要测试学生是否善于逻辑思考。

例如,在顶尖大学的入学考试中,常会出现那种融合许多琐碎知识的题目,下图中的英文题目正是此例。

像这样的题目,真正要测试的,并不是作答者是否具备相关知识,而是要测试作答者是否具备在面对自己不知道的部分时,利用自己知道的部分来进行逻辑思考,然后解决问题的"灵活头脑"。

此时,构成"灵活头脑"的,就是国语能力。

没有国语能力,就无法回答大学入学考试的英语题目!

(大学入学考试题目)
The only concession she'd made to her age was a pair of hearing aid.
(东京大学/2009年·前期)

若只以 构句能力 词汇能力 来解读这句话的话……
▶ "她对年龄唯一的让步就是一对助听器。"

这样直接翻译的话,会变成难以理解的日文!

若加上 日文能力 (思考前后文逻辑性的能力、日文修饰的能力)的话……
▶ "她老了之后,唯一对年龄妥协而使用的,就只有助听器而已。"

如此,就能成为通顺合理的日文!

◎ 让孩子从小就接触大量的国语

但是,国语能力并非一朝一夕可以培养出来的。也许有的人认为,

"国语能力这种东西只要生活在日本,使用日文的话,谁都可以培养出来的吧!"但是,实际上没那么简单。

因为,在日常生活中,使用日文与培养国语能力,完全是两码子事。国语能力,只有靠有意识的学习,才能培养出来。

国语能力培养的关键在于,从小让孩子接触大量的日文。国语能力是要花上五年、十年、十五年……,才培养得出来的。

此时,我们需要的,就是以"经验教育"为基础,并进而培养国语能力的学习方法。

大学入学考试逼近时的考前冲刺,可说是"西洋医学",效果非常显著,但是,并不能解决根本问题。

相反,孩童时代的体验学习,可比喻为"东洋医学",特别是能培养国语能力的"经验教育",更能帮助"灵活头脑"的形成,而"灵活头脑",就是克服门槛极高的顶尖大学入学考试的根本对策。

那么,我们就赶快具体谈谈,培养国语能力的经验教育如何实行吧。

阅读——让孩子阅读他们想看的书

培养国语能力的经验教育,其中一项做法,就是"阅读"。

国语能力形成的关键,就是从小到大,读了多少书。

通过大量的阅读、接触大量的文字,词汇量就会随之增加。词汇量的增加,就代表各式各样知识与概念的理解。

这些都会成为看不见的国语能力,在孩子们心中不断地累积。

再者，持续阅读，也会让理解文字的速度更快。理解文字的速度变快，吸收各种知识的速度也会变快，在考试的时候，对于时间的分配就相当有利。

所以，请持续不断地鼓励孩子阅读，常常带他们去书店。

不要吝啬买书的钱，把买书的钱当作是"大脑的饮食费"。

如果爷爷、奶奶要给孩子礼物的话，请不要犹豫，拜托他们"请给孩子图书礼券"吧。

那么，具体而言，要读"什么书"才好呢？

如果孩子还是小学低年级，读什么书都可以。只要上面有"字"就OK，就算是漫画，也没有关系。只要让孩子阅读想看的书就好了。

相反地，不要一开始就让他们阅读夏目漱石或森鸥外等作家的作品，也就是所谓的"名著"。

孩子在小学二年级左右为止，对于文字的理解，都还在发展中的阶段。光是阅读文字就十分辛苦了，阅读所谓的"名著"当然不会让他们开心。如果因为这样，让他们感到"我再也不想看书"而中途放弃，或是变得讨厌看书，反而是本末倒置。

等到孩子到了小学三年级左右，鼓励他们阅读讲谈社的"青鸟文库"系列，应该是不错的选择。据说因为这套书容易阅读，所以，有非常多的孩子也相当喜欢这个系列的书籍。

到了小学五年级左右，就是终于可以接触"名著"的时期了。这个年龄层的孩子，已经有了某种程度的文字阅读能力，以成人为对象的书籍也可以接二连三地阅读了。

此时,父母要想办法准备一些孩子有兴趣的书籍,并且让孩子能随手可得这些书。

例如,把"名著"买回家,然后有意无意地把这些书放在餐桌上。如此一来,比如说孩子在家感到无聊的时候,就会想知道这是什么书,然后可能会拿起来阅读。

此时,就算孩子只读了两页,父母的目标也算是达成了。不要在意孩子有没有从头读到尾。"读了一些"就是重点了。过了一阵子,再把别的"名著"放在餐桌上吧。

还有一个方法,就是把"名著"的朗读CD,当作背景音乐在家里播放。

所谓的朗读CD,就是精选《我是猫》(夏目漱石)、《跑吧!美乐斯》(太宰治)等名著的有名段落制作而成的朗读式CD,在各大书店都可以买得到。

将这些CD买回家之后,有时在家里的CD音响上播放,有时在大家坐车出门时在车内音响上播放,也许这是使孩子对名著产生兴趣的最好时机。

阅读报纸——从有趣的新闻以及漫画开始

等孩子到了小学五年级,就可以让他们开始挑战阅读报纸。

除了可以知道全球新闻,还可以让词汇量大为丰富。

家长可以选择早餐或晚餐的前后等家人聚在一起的时间,让他们阅读报纸。

首先由家长来找寻报纸上有趣的新闻,告诉孩子"这个很有趣喔",然后朗读给他们听。

一开始的时候,可以选择"迪士尼乐园启用新游戏设施"这种孩子会有兴趣的新闻念给他们听。如果一开始就选择与政治或经济相关的那种难懂的新闻,孩子有可能会变得讨厌报纸。

就像这样,家长选择有趣的新闻念给孩子听,不断重复几次,孩子习惯了报纸之后,家长就可以将自己选择的新闻交给孩子,让孩子自己去读。可以让他们朗读,当然也可以不朗读、只默读。

除此之外,订阅朝日新闻社或是每日新闻社等出版的《小学生新闻》,也是一项很好的选择。

孩子一开始也许只会看里面的漫画,不过这样也好。慢慢地,孩子就会开始阅读只有文字的新闻了。

孩子到学校、补习班或是出去玩的时候,也可以将报纸放在他的书包里,这么一来,孩子就比较容易养成有空时拿出报纸来阅读的习惯。

等孩子上了初中以后,就可以积极鼓励他们阅读一般的报纸。

此时,可以让他们偶尔挑战一下的,就是《朝日新闻》的《天声人语》专栏或是《读卖新闻》的《编辑笔记》专栏等。

《天声人语》以及《编辑笔记》都是招牌专栏,撰写作家都相当有内涵,文章程度也都非常高。

因此,阅读《天声人语》以及《编辑笔记》,可以让孩子接触到高水平的语文。

这对于孩子培养思考能力或是增加词汇量,都是非常有益处的。同时,也可培养孩子在面临大学入学考试时所须具备的"现代国语"或"小论文"的能力。而且,因为文章较短,孩子读起来也不会太吃力。

让孩子朗读《天声人语》或《编辑笔记》,也是很好的方法。

朗读是学习语言最有效的方法之一。借着朗读,可以让自己从质量优良的作品中吸收养分。

在这里,我要叮嘱大家一件事。

如果要让孩子养成阅读报纸的习惯,那么,家长自己也要阅读报纸。如果家长自己都不阅读报纸的话,要让孩子养成阅读报纸的习惯,应该不容易。

读各种书籍给孩子听——学校的教科书是最佳选择

除了让孩子自己阅读之外,就寝前,由家长来读书给孩子听,也是很好的做法。

特别是对幼儿园到小学一至二年级阶段的孩子而言,在睡前,听家长读书或讲故事,是一件很开心的事情。养成习惯之后,孩子就会对书本感到亲近,自己也会积极地开始阅读。

关于读什么书给孩子听,我推荐"学校的教科书"。

最近,小学的教科书与过去的教科书,有相当大的差别。现在的教科书,甚至可说是可以拿来每天预习或复习的"绘本"。

请试着翻阅孩子们现在所使用的教科书。里面有照片、插图,还有漫画,光看就觉得很开心了。书在内容方面也花了很多心思,所以,读起来是很有趣的。

还有，伟人传记也是不错的。我推荐讲谈社的"火鸟传记文库"系列书籍。书里如果出现教科书中也有的有趣故事，孩子就会觉得"啊，这个我知道"，然后感到高兴。这就会成为孩子"还想知道更多"的动力。

请多注意孩子有兴趣或关心的事物，并且读各种书籍给他听，借此加深他的知识。

家长不一定每天都要当场亲自读书给孩子听，有时候，也可以活用朗读 CD 等工具。

年纪还小的孩子，有可能会每天要求父母读书给他听。但是，如果父母忙碌的话，"每天读"是不可能的。此时，就可以借助朗读 CD 的力量。

太过勉强自己是无法长久的。有时候，也须偷懒一下才是。

有的家长也会自己朗读制成 CD，来取代坊间贩售的朗读 CD。自己无法亲自朗读的时候，就用自己制作的 CD 放给孩子听。

的确，家长的声音能够让孩子比较安心，所以，这也是一个很不错的方法。

汉字的练习——活用游戏或机智问答，以及检定测验

要增加日文的词汇量，汉字的学习是不可或缺的。

在孩子还在小学低学年阶段的时候，可以设定"每天做一页汉字练习"等目标，就算每天只做一点也没有关系，只要每天有设定学习汉字的时间即可。

各位不妨把教材放在餐桌上，利用等吃饭或是等洗澡水放好的 5 分钟、10分钟，与孩子一同学习汉字。

除此之外，花工夫把"学习"与"玩乐"的界线消除，让孩子快乐地学习汉字，也是很重要的。

例如，我们可以活用游戏或是机智问答等学习汉字用的教材。在众多教材中，我较喜欢的是《98部首纸牌游戏》（太郎次郎社）。这是利用部首来拼凑汉字的纸牌游戏，大人也能玩得相当开心。

另外，我也推荐大家活用日本汉字检定（汉检）。意思就是利用汉字检定，来巧妙地提高孩子的学习意愿。

这个方法的秘诀，就是让孩子去报考确实能合格的等级。

汉检有十级到一级总共十个等级，十级是小学一年级程度，九级是小学二年级程度，等级划分得相当细。请观察孩子的实力，然后，替他决定要报考哪个等级。

合格之后，就要大大地称赞他，这样一来，孩子的学习意愿就会油然而起，从而努力学习更高等级的汉字。

但是，坚持"几年级的时候要拿到几级"也不是聪明的做法，这样反而会给孩子压力，让他变得讨厌汉字。

所有的检定测验都一样，都是可以拿来提高孩子的学习意愿的道具。不管孩子拿到了哪一级，都无须把重心放在"等级"上面。

2. 算术（数学）：利用益智游戏等，来锻炼数学能力

◎ 讨厌算术的父母，要如何教出喜欢算术的孩子呢？

相信有很多的孩子，都是"非常讨厌算术"的。

并且，多数这样孩子的父母，过去也都曾因为不擅长算术，吃了不少苦。

在这种情形之下，父母要怎么去帮助孩子学习算术呢？

算术（数学）益智游戏——降低算术门槛

身为英文老师，我也很讨厌算术。所以，我曾经多方询问"家长和孩子都喜欢算术的家庭，是怎么训练的"等相关问题。

因为我认为，只要模仿这种家庭的做法，就可以让"非常讨厌算术"的孩子转而喜欢算术。

结果发现，家长和孩子都喜欢且擅长算术的家庭，有一个共同点，那就是家长和孩子会一起玩"魔术方块"或"数独"等各式各样的算术（数学）益智游戏。

所以,让讨厌算术的孩子尝试这种算术(数学)益智游戏应该是不错的方法。

这正是经验教育之一。消弭"学习"与"玩乐"的界线,通过玩乐来养成算术所须具备的使用数字的能力,以及理解图形的能力。

去到书店,您可以发现有许多标题为《能让头脑变聪明的益智游戏》之算术(数学)益智游戏书籍。

我推荐的是宫本哲也的《能让你变聪明的益智游戏》系列(学研社)。主要的内容是使用数字以及四则计算(加、减、乘、除)的计算型益智游戏,可以让孩子快快乐乐地学习计算。另外,讲谈社所出版的《密码》系列(青鸟文库/松原秀行著)也不错。它的内容是以故事构成的,讨厌算术的孩子应该更容易接受这种类型的学习。

但是,千万不要跟孩子说:"听说要多做益智游戏,算术才会变强。所以,从今天开始,每天一定要给我做一个问题。"逼迫孩子去做益智游戏,要求得太直接的话,孩子反而会拒绝去做。

重点就在于,不经意地让孩子养成习惯。例如,将这些书买回家之后,亲子一同玩一玩,父母也跟孩子一样,试着去摸索其中的乐趣。

折纸——变得擅长图形问题

"折纸"也是一种让孩子更亲近算术的经验教育。

在我的学生里面,有一个女孩子很喜欢算术。

问了她以后才知道,原来她的外婆喜欢折纸,每次回乡下,外婆就

Chapter 2　孩子真正的学习能力，要由"经验教育"来培养

会教她许多折纸的玩法。

她说只靠着一张纸就可以变出花、鸟、昆虫、建筑物、箱子等东西，让她感到相当有趣，所以，就喜欢上了折纸。

而且，她还说在解"算术"的图形问题时，她都会在脑中想象成折纸。

"折纸"的确与"算术"的图形问题有共通之处。您要不要试试购买介绍"折纸"的书籍，与孩子一起折纸呢？

魔术——边玩乐，边锻炼理科头脑

与益智游戏很相像的就是魔术。

其实，我的独门技艺是魔术。无师自通，但也学会了许多技法。

此外，学习魔术之后，我发现，魔术是一种非常需要理科头脑的游戏，而这也是算术所需要的。

例如，"生日魔术"这项魔术是这样变的。

"让我猜猜你的生日。首先，请将你生日的月数乘以4。"

"算好了吗？接下来，请再将算出来的数字加9。"

"然后，请再将算出来的数字乘以25。"

"接着，请再将算出来的数字加上你生日的日子。"

"请问最后算出来的数字是多少呢？"

最后，根据对方回答的数字，跟对方说："你的生日是×月×日吧？"

这项魔术的技法是将最后对方回答的数字，减去"225"。如此一来，出现的数字就是对方生日的"月""日"接连起来的数字（例如，12月26日就是"1226"，3月10日就是"310"）。根据这个数字，就可以跟对方说："你的生日是……"准确地猜出对方的生日。很有

趣吧？

像这样，接触数字的不可思议之处，就会加深对算术的兴趣。除此之外，因为其中还有计算的部分，所以，借着在魔术中习惯计算而消除对算术的排斥感，效果也是可以期待的。

各位觉得如何呢？学习魔术，对于"非常讨厌算术"的孩子们，魔术是否正是最适合的经验教育呢？

刚刚为大家介绍的计算魔术很有趣。除此之外，我的推荐还有，以数字的顺序让观众惊讶不已的"卡片魔术"。

在这项魔术的解说书中，介绍了怎么样排列卡片，就可以让观众惊讶万分。学习这样的技巧，应该也可以训练安排事物顺序的思考能力。

同时，这项魔术也需要计算，所以，也可以锻炼计算能力。

3. 理科：参观科学馆以及体验自然

◎ **在学校之外，也有许多可以实际体验理科实验的地方**

"理科"，是将在自然界里发生的各式各样的现象介绍给孩子们的科目。

所以，要培养孩子的理科能力，重要的就是尽量让孩子多接触自然现象，让他们直接去体验。直接体验才是重要的，这正是经验教育的最佳实践。

在小学或初中时期，学校也会利用校外教学的时间，带孩子们去科学馆或是博物馆。但是，仅仅如此，学习还是有限度的。

此时，除了学校实行的部分教育，我们应该再给以加强，在家庭中，也持续进行与理科相关的经验教育。我在此要为大家介绍几项在家中也可以进行的理科教育。

科学馆的实验教室——从游玩中学习的学习主题乐园

我认为，科学馆是可以让孩子们在开心的玩乐过程中，还能学习理科的"学习主题乐园"。

实际上,有不少的孩子都很喜欢科学馆。而且,科学馆的入馆费并不贵,可以让孩子们在里面玩一整天,是相当经济实惠的出游场所。

都道府县或是市町村等各个自治区,都各自经营有科学馆。大家不妨带孩子亲子同游,去拜访您居住地区的科学馆。

如果您是住在东京近郊的话,我特别推荐您前往位于台场的"日本科学未来馆"(http://www.miraikan.jst.go.jp/)。该馆进行的"实验教室"相当有趣,同时具有教育功能。

在"实验教室"中,会为大家介绍自然原理所引发的各式各样现象。

"将蛋放在醋里面,蛋就会变得软软的""石蕊试纸的颜色产生变化了",在参观这些实验的同时,孩子会思考为什么会变成这样,从而产生兴趣。

就算孩子无法当场立刻理解实验原理,日后,学习到同样原理时,他也会把自己实际上看到的现象与原理相互联结,因此,马上就可以理解。

像这样的实验教室,不只限于日本科学未来馆,各地的科学馆都有实施。您可以参考各科学馆的网站或是直接询问,方便的话,请务必亲子一同参加。

除了科学馆之外,也有许多博物馆是以科学为主题的,像是天文馆、水族馆、动物园、植物园,等等。其他还有以火山、地震、海洋、宇宙、核能、电气等为主题的博物馆。

像这样的博物馆,我们可以在假日时一同参观,也可以在家庭旅行等途中，顺便去看看，这些都会成为扩展孩子兴趣的绝佳机会。

另外，在科学技术振兴机构所管理的"日本科学馆巡礼"的网站（http:// museum-dir.jst.go.jp/）中，可以搜寻日本全国各式各样主题的科学馆或是博物馆。请大家一定要好好利用。

理科实验套组——送孩子的好礼物

在孩子生日或是圣诞节时，或许可以送他显微镜或天文望远镜等当作礼物。

除此之外，只要到书店去，就会看到店内摆放众多例如"宝特瓶火箭"等能让孩子开心实验或组装的理科套组。我认为，家长不妨和孩子一起去看，帮孩子购买感兴趣的商品。

附带一提，我的推荐是"小科学家·科学玩具版"系列（学研社）。

通过实验以及制作，就能刺激起孩子"想知道更多、想学习更多"的想法。

体验自然——成为促进深层理解的契机

与海、山、河川等的自然接触，也可以作为经验教育的一环，帮助孩子更接受理科教育。

大家听过"虫媒花"这个名词吗？这是出现在初中入学考试理科教材中的用语，如果光读课本，恐怕迟迟无法理解这个名词。

不过，假设孩子与家人一起去山上，看到眼前飞来一只蜜蜂，停在某朵花上使那朵花传粉，这样一来，"虫媒花"这个名词就会成为鲜明的记忆，留在孩子的脑中。

通过实际观察生物的生态，教科书中的事物都会变得有真实感，更能加深孩子的理解程度。

另外，在山上露营、在河里抓鱼、在海里游泳、在森林里抓虫、看到路边的植物等体验，都会成为激发孩子"这是什么呢？"的好奇心的契机。

饲养宠物——最好的自然观察

在家里养动物，也是一种理科的经验教育。

特别是，如果孩子喜欢那只宠物的话，每天照顾它、触摸它、观察它的动静，就是最好的自然观察。

另外，孩子对于有关于自己宠物的书籍，也会开始有兴趣。

如果只是以增长知识为目的来阅读有关动物习性与身体构造的书，应该也不会觉得有趣。但是，如果家里养了宠物，像这样的书，读起来就会津津有味了，最终就能因此增加对于动物的知识。

养猫或狗当宠物当然很好，不过，养像浮游生物等小生物也是不错的。

例如，观察用的浮游生物卤虫属水虫（俗称丰年虾）等，价格实惠，照顾起来也简单，饲养起来相当轻松。

4. 社会：让孩子了解实际的社会

◎ **社会科的学习不是只有"死背"而已**

"社会"这个科目的内容，是介绍我们所生活的"社会"。

我们的社会是怎么样构成的？有着什么样的机制？在社会当中人是怎么生活的？……

许多人都认为社会科是"死背科目"，其实并非如此。地理、历史与公民课程，都可以通过日常生活中的经验来学习。我们甚至可以说，社会科的学习本身，就是经验教育。

那么，就让我们赶快来看看进行社会科经验教育的具体方法吧。

家庭旅行①——参观名胜古迹

社会科经验教育最直接的例子，就是亲子同游的"旅行"。在旅行当中，可以与孩子一起参观名胜古迹。

有些家庭，也许无法找出时间来家庭旅行，我推荐的方法，就是活用每年一至两次的"返乡探亲"机会来当作家庭旅行。

例如，我听说某一个家庭，每年暑假，全家一起返乡探亲的时候，不直接返乡，而是在有名胜古迹的小镇，中途下车去参观，然后，总共花三天两夜的时间返乡。对于名胜古迹的名字，光是只看教科书或是资料里的照片，印象深刻的程度，是无法与实际去当地参观、看到遗迹所得到的印象相比的。

另外，与孩子一起参观名胜古迹时，请一定要让孩子有一些有趣的体验。

例如，带孩子一同前往岐阜县的关原。关原就是德川家康与石田三成为争夺天下霸业而展开大战的地方。

您可以跟孩子说"这边是石田三成，这边是德川家康"，来对孩子介绍这次历史上的有名战役。然后，再追加提议："要不要去石田三成的神社吃冰呀？"让知识经验得以烙印于孩子记忆中。

如此一来，在学校上课碰到"关原"这个名词时，孩子就会回想起"啊，这就是跟爸爸妈妈一起吃冰的那个地方"。然后这就会成为难以忘怀的记忆，烙印在孩子脑海中。

同时，不要让家庭旅行只是"去玩过"而已，把旅行的经过制作成暑假的自由研究素材，不是也很好吗？这样一来，玩也玩到了，暑假的功课也顺便完成了，真是一举两得。

不仅如此，比起只是进行调查作业的自由研究，以旅行为主题的话，更能让孩子做得开心。同时，在制作自由研究功课时，借着回想旅行，还可以加深记忆。

家庭旅行②——了解各地的特色

家庭旅行中也可以学习到"社会"中的"地理"。

例如，去山梨县看看什么叫作"冲积扇"，去滨名湖参观鳗鱼是怎么捕捉的。去琵琶湖一起搭游船时，跟孩子说"好大的湖呀，真不愧是日本第一大湖"等等。

这些都是初中时会学习到的内容，同时也是孩子长大成人之后，对他们会有所助益的知识。

如果只是通过阅读教科书来记忆，很容易就只会变成模棱两可的理解，很难烙印在脑海中。这些知识如果能亲眼看到，就算只有一眼，也能成为具有实际感受的正确理解。

我过去曾报名参加口译导游资格考试。

由于我过去在初中、高中时不太认真学地理，所以，我在备考时，就好像为了准备初中入学考试的小学生一样。

当时，我感到相当有意思的是，对于自己去过的地方，相关事物都马上可以记得起来，但是，对于没有去过的地方，相关事物却一直都记不太起来。我因此再次体会到"经验"的重要性。

这对于孩子们也是一样的。我相信各位家长都相当忙碌，不过还是希望大家可以抽出时间，活用先前所述的"返乡探亲"的机会，或是好好利用假日，尽量带孩子一同去旅行。

媒体——活用历史连续剧或是伟人传

积极地利用电视等媒体，来让孩子更加容易接受"社会"科也是一个方法。

电视上常会播放历史相关节目。亲子一同观赏这样的节目，然后，针对节目的内容一起讨论，也是经验教育的一种。

我推荐大家看NHK（日本放送协会）的大河剧。虽然改编成连续剧，但是，看戏剧毕竟与阅读教科书不同，更能够让孩子开心地接触历史。

而且，NHK的大河剧，对于史实描写的忠实程度，至少达到一定水准，实际存在的历史人物，也常常在剧中出现。

如果孩子觉得某个连续剧有趣，且相当热衷于看该剧，那孩子就会因此自动自发地去调查该剧的时代背景与登场人物。这么一来，孩子的世界就会越来越宽阔。

另外，如果孩子对所谓"伟人"的传记书籍有兴趣的话，也要尽量让他们阅读。

阅读伟人传记，不仅有扩充词汇的效果，而且，所谓的伟人，毫无例外地，都是积极学习、努力向上的人，没有一个伟人，能在毫不学习的情况下成为伟人，所以，伟人的传记，对于激发孩子的拼劲，是再适合不过的了。

我推荐的伟人传记，是之前在国语科项目里所介绍过的讲谈社的"火鸟传记文库"系列。织田信长、伽利略或是泰瑞莎修女等人的传记，这系列书籍都有出版。

不过须要注意的是，这一系列书籍的难易程度并不是很统一。最好先由父母读过之后，再选择较容易读的让孩子阅读。

新闻——增加"现代用语"的好机会

与孩子一起看新闻节目，也是一种可以大大提升孩子"社会"程度的经验教育，同时也能够帮助孩子，增加现代社会上所使用的"词汇"。

人类对于在日常生活中所使用的词汇，是不太会忘记的。对于这一点，大人、小孩都是一样。因此，只要有看电视新闻的习惯，孩子就会自然而然地吸收与时事相关的词汇。

而且，在电视新闻上听到的日本或世界地名、政治人物的名字等，在学校课程中出现时，孩子就会觉得"这个字，我从新闻上听过"，接着，这些词汇就能被稳固地吸收进他的脑海里。

大约到了小学五年级，孩子在看新闻的时候，就会开始问父母许许多多的问题。

此时，不要因为觉得麻烦而拒绝孩子说："自己去查字典。"这样一来，孩子自动自发学习的积极性就会受挫。

如果孩子问问题，就应该好好倾听问题，然后，好好回答，这是很重要的。如果被问到自己不知道的事情，也不用担心，只要跟孩子一起去查就可以了。

在这样不断重复的过程中，孩子的词汇量就会渐渐增加，同时，也能随之逐渐奠定学习能力的基础。

5. 经验教育成功的秘诀，就是"若无其事"地实行

◎ **尽管经验教育很好，也无须强迫执行**

虽然希望大家都能积极地在亲子生活中实践经验教育，但同时也希望大家重视一点，那就是要"若无其事地实行"。

尽管经验教育很好，但是也不须坚持"一定要让孩子实际体验所有理科教科书中的实验"，然后，拉着不甘不愿的孩子，强迫他参观所有的科学馆。

这样强迫孩子的话，必定无法持续有效的教育。若孩子抗拒地说出什么"我再也不想去科学馆了！"很明显，那就是做过头了。

这个道理跟学钢琴和游泳是一样的。父母太过逼迫，孩子反而容易失去意愿，并与父母的想法背道而驰。

学习也是一样，父母越是对孩子说："多读书！多读书！"孩子就会越来越不想学。

在大多数的情况下，"父母的意愿"与"孩子的意愿"的强度倾向呈反比。父母越督促，孩子的意愿就越低落。这样的话，对父母、对孩

子，都是不好的。

◎ 内心"缜密规划"，表面必须"若无其事"

我所思考的"经验教育"的姿态，应该是"若无其事"。但是，内心必须"缜密规划"。这是一项重点。

家长对于孩子们的教育，会拼命努力，这是理所当然。同时，这也是家长的责任。所以，内心维持"强势主导"，是相当重要的。

但是，家长的心态如果让孩子知道了，大部分的孩子反而会失去意愿。所以，家长表面上要伪装"若无其事"才行。

那么，怎么样才能做到"内心强势主导，表面若无其事"呢？

基本上，不论任何活动，虽然是家长缜密规划，也要让孩子以为"这不是父母叫我做的，这是我自己选择的"。

例如，在与孩子聊天时，孩子说："上次在学校看了关于温室效应的纪录片。温室效应好恐怖喔。"

这就是孩子对理科产生兴趣，积极学习的绝好机会。

此时，家长就要在下班时赶快去书店，努力找寻孩子可能会感兴趣的关于温室效应的书或是漫画，花钱、花时间都好，要买到对孩子有益的书籍。

但是，这样拼命的样子绝对不能让孩子看到。回家后看到孩子，就跟孩子说："今天刚好去书店时看到这本书。你之前说过温室效应的事情吧，有兴趣的话就读读看吧！"若无其事地推荐给他，就可以了。

要不要读，都交给孩子决定，家长就别再做多余的事情去干涉。家长要将自己的"拼命努力"巧妙掩饰起来，表现出若无其事的样子。

◎ 就算孩子忽略家长的心血，也不要气馁！

在这种情形之下，也有可能父母苦心地把书找来，孩子却连一眼都不看。

尽管如此，家长绝对无须在意。

家长所播下的"种子"中，能顺利"发芽"的其实少之又少，甚至"不发芽"的概率还比较高。

所以，如果不尽人意，就告诉自己"这次没有成功，没办法"而干脆地放弃；如果孩子愿意接受，跟自己说"他有兴趣真是幸运"就好了。

◎ 不用让孩子实际体验所有事

最后，我想对认为"不论任何事物，都非得让孩子体验不可"的人，说一句话。

时间是有限的。所以，想让孩子不论任何事物，样样实际体验是不可能的。但是，即便是不可能的也无妨。因为，只要体验一项事物之后，对于相似的事物，想象力就可以发挥效用。不用经历所有事，只要有一项不错的经验，就可以应用于很多的事物上。

例如，家庭旅行前往滋贺县的琵琶湖。因为有了这次经历，所以"看到湖"的实际感受就会烙印于脑海。有了这次实际的感受，当教科书里面出现其他湖泊的内容时，孩子就容易想象，可以很快回想起来。

Chapter 2　孩子真正的学习能力，要由"经验教育"来培养

这在理科的实验方面，也是一样的。

以经验教育所学习的事物为基础，启发想象力，让效果发酵至各个领域，对孩子学习能力的增长，也是相当重要的。

6. 让孩子自由体验，经验教育才有效果

◎ **抱持"坏掉也没关系"的心态，让孩子接触任何东西**

实行经验教育时，要抱持"让孩子体验任何事，接触任何东西"的心态。

例如，家长把显微镜或是天文望远镜买给孩子。给了孩子之后，要怎么使用，就要交给孩子去负责。

无须对孩子说："要好好地读使用说明书以后，再使用才行。"或是，"你看，普通都是这样用吧！"之类的话。

家长如果在旁边一直提出意见，孩子说不定就会失去使用的心情。不仅如此，还会失去自我思考的机会。

同时，就算孩子把显微镜或天文望远镜弄坏，也绝对不要跟孩子生气。

孩子有时或许是因为想了解其中构造，才会将器具解体。这种时候，非但别对孩子生气，还要鼓励他这样做才好。对于孩子感兴趣的事物，要彻底地让孩子尽情去体验。

在这过程当中，就能培养孩子的创造力与动手能力。

假设显微镜与天文望远镜坏掉，再也不能使用，只要想着这对于孩子的头脑有帮助，就不会觉得这是一笔昂贵的开销。

总之，就是让孩子尽情地体验。特别是在小学阶段，让他们多多经历这样的体验，是很重要的。

不过，在让孩子体验的同时，安全层面的考量也是必要的。

家长在让孩子自由体验的同时，也要好好注意孩子的行为。请大家在细心注意、不让孩子受伤的前提之下，让孩子自由体验任何事物。

Chapter 3

培养聪明孩子的"家庭环境"营造方法

1. 把家里布置成"学习主题乐园"

◎ **让家里充满"教育性的事物"**

要培养出聪明的孩子,那么营造"喜爱学习"的家庭环境就是一件重要的工作。也就是说,要将家里布置成"学习主题乐园",让孩子能够接受"学习是理所当然"的概念。

例如,让家里充满着书、图板游戏、益智游戏、天文望远镜、显微镜、教科书、参考书、理科实验套组、英语DVD等具有教育效果的娱乐道具。只要觉得能对孩子有帮助的,就尽管买下来,放在家里的各个角落。

只要营造出视教育、知性为理所当然的家庭环境,孩子就会自己朝"学习"的方向去努力。

◎ **"学历会遗传"是真的吗?**

根据本人从事补习班讲师20年以上的经验,我强烈感受到"孩子的学习能力,会大大受到家长的生活形态的影响"。

家长自己积极从事知性活动,花心思营造知性家庭环境的话,较容易引导孩子学习能力的成长。反其道而行的家庭,要使孩子的学习能力成长就比较困难。

例如，有的家长对子女的教育非常热心，自己却不爱学习。让孩子去上补习班，叮咛孩子"要好好念书"，自己却没有学习的习惯，电视都只看综艺节目，也不阅读，对于孩子学习的内容也毫无兴趣。

像这样的家庭，要使孩子的成绩有所提高，绝非易事。

补习班讲师的工作，就是要在短期内让学生的学习能力提高，让学生得以进入他们希望进入的学校。为此，每位讲师都会在各方面竭尽全力。

但是，孩子所处的家庭成长环境，更是影响甚巨。补习班讲师要在有限时间内颠覆这些影响是相当辛苦的。这当然并非不可能，只是孩子年龄越大，要补足其差距就越来越难。

听起来夸张，但这是理所当然的事实。

例如，每天1小时，10年的话就会有3650天（闰年除外），共3650个小时。每天看1小时新闻节目长大的孩子，与几乎不看新闻长大的孩子比起来，接触知识的时间可说是压倒性地多很多。相对地，在累积知识量上，前者也是较有利的。

所以，不是"学习能力会遗传"，而是"家庭环境会左右学历"。因此，要培养孩子的学习能力，务必营造一个有知性环境的家庭。

下面，我要为大家介绍如何营造知性家庭环境的具体方法。

2. 让"餐桌""客厅"都成为全家人的学习空间

◎ **我推荐在"餐桌"旁学习的原因**

大家都在家里的哪个地方设置孩子的学习空间呢?

我想觉得"孩子要在不受周围打扰,在自己的房间里,安静地念书比较好"的人,应该比较多吧。

不过,我的想法跟大家不同。我认为孩子最佳的学习场所,应该是家人齐聚一堂的"餐桌"。

孩子如果躲在自己房间的话,他在做什么,你都不知道。

他可能会说"我在房间念书",但是,说不定是在看漫画,说不定是在玩电玩,也说不定是累了在睡觉。

另一方面,让孩子在"餐桌"旁学习的话,家长就可以看见孩子学习的内容。

除此之外,还有更好的益处。那就是,孩子读到不清楚的地方,就可以当场询问父母或兄弟姊妹。

"餐桌"是全家人团聚的空间。孩子可以一面与家里的成员开心地交流，一面快乐地学习。

◎ 在"客厅"，随意躺着读书也好

除此之外，全家人在客厅随意躺着读书、工作等，也是不错的做法。读书时不一定要乖乖坐着才行，横卧着读书也可以，这就是我的理论。

比如说，孩子随意躺着玩益智游戏、计算或是阅读，不也很好吗？家长也一样，随意地躺着看公司的报告或报纸等，也不错。

此时，整个客厅的氛围是很轻松的。孩子在玩益智游戏、计算，碰到不知道的问题，或是看书看到不懂的词汇，就能轻松地询问："这是什么意思？"

此时，重要的是能够立即回答提问。不要放过孩子萌生兴趣或产生疑问的那一瞬间。这与孩子能否提升学习能力息息相关。

◎ 在嘈杂环境中也能集中注意力的孩子才厉害

我在学校家长会等场合谈到这一点时，曾面对这样的疑问："要是在餐桌或客厅读书，学习上难道不会因为周遭嘈杂，而难有进展吗？"

但是，如果"只能在安静场所读书"，日后可就麻烦了。

例如，高中或大学入学考试的考场，就不可能鸦雀无声。考场外可能会传来急行而过的救护车蜂鸣器声响，同时也有周遭考生用铅笔写字的声音。

若无法提前习惯在嘈杂环境中也能思考或集中注意力，面临重要的正式上考场时刻，就难以发挥实力。

孩子长大成人，进入社会后，更是如此。

请大家试着回想职场的情况。

工作时，职场总是鸦雀无声的吗？这样的情况反倒少见吧。大家应该是在那边闹哄哄、这边也闹哄哄的环境中，全力发挥脑力地工作。

此外，当我们进入社会后，为证照考试或语言学习而看书时，也不可能再像学生时期一般，面对书桌，在安静的环境中看书。因为大家都忙于工作，难以腾出看书时间。

如果不能及早养成习惯，让自己在电车、咖啡厅里或等人期间的喧闹中也能看书，届时就无法掌握看书时间。

所以，我们必须培养出不论任何环境、不论四周多吵闹，也能静下心来学习的孩子。

如此一来，当孩子长大成人后，应该就不会受控于四周环境，而能以自己的步调专心看书或处理公事。

3. 事先将书籍随意摆放于家中各处

◎ 书籍的放置处不仅止于"书架"

"看书",对于培养孩子的"学习能力"与"个人潜力",非常重要。要培养出喜欢看书的孩子,秘诀就是让家里到处都是书籍。

这并不仅止于把书整整齐齐地排在书架上,而是在孩子放眼所及之处,如沙发旁、餐桌、厕所、床旁、电视上、厨房或客厅地板上,尽量随意摆放众多书籍。

借由此举,就能营造出"书籍"在每天生活中随处可见、理所当然的环境。

这个方法,能够消除对孩子而言书籍是"高不可攀"的印象。因为,当可以随意拿起书翻阅的机会增加后,孩子比较不会排斥书籍。

我认为,随意摆放家中各处的书籍,真的就是"百无禁忌"。

举凡如谜题、数学益智游戏、英语绘本、昆虫等书籍,孩子若能在游戏之余,顺手拿起这些同时能够锻炼脑力的书籍阅读,那就太幸运了。

此外,像是家长自己会阅读的书籍或杂志等,也可比照办理,事先随意地摆放于家中各处。孩子若在偶然间拿起此类书籍,进而萌生兴趣,也能成为增加词汇知识的好机会。

◎ **在电视机旁,放置"地图册"吧**

再者,个人建议不同种类的书籍,也设定其随意摆放的适当位置。

例如,请把"地图册"放在电视机旁边吧。新闻节目常会报道发生于日本或全球各区域的事件。此时,如果"地图册"近在咫尺,就能立即翻阅,清楚记下相关名称或位置。

而在餐桌或沙发上摆放"报纸",因它总是出现在眼前,自然而然也就很容易伸手取阅。

也请事先在餐桌或客厅中备妥"字典类"(电子字典也可)。

如此一来,在餐桌或客厅念书时,就能立即查询了。

◎ **即使孩子不看买来的书籍,也别太在意**

即使孩子不常阅读摆放于家中各处的书籍,也请别放在心上。

孩子比较会看自己买来的书籍,对于父母买来的书籍则兴趣不大。

所以,家长抱持"总有一天会拿我买的书看看吧"的心态,是非常重要的。即使孩子现在没有兴趣,日后,时候到了,或许就会萌生兴趣。

此外,当孩子不如家长期望的那么常看书时,也请家长试着审视自己和书籍的关系。

请问您有阅读的习惯吗?

Chapter 3　培养聪明孩子的"家庭环境"营造方法

家长本身没有阅读习惯，就无法让孩子成为书籍爱好者。

孩子是一边看着家长的言行，一边学习成长，所以，首先请家长本身先努力养成在孩子面前阅读的习惯。

在这些地方放这样的书

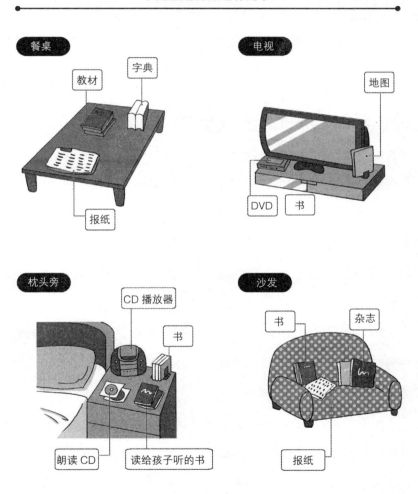

4. 让孩子阅读能够提升词汇能力的漫画

◎ **帮孩子购买与学习相关的漫画**

有些漫画也有助于逐渐提升词汇能力。漫画因为有图像辅助，所以容易理解，同时也能愉悦心情，帮助慢慢记忆许多新词汇。

在此，首先要介绍的是传记漫画以及历史漫画。个人推荐《学习漫画：日本的历史》（集英社／20 卷＋别卷 3 册，23 册一套）。个人认为，姑且不论孩子看不看，光是摆放在家里，感觉像套百科全书似的，也很好。

此外，还有些学习漫画中，会出现《樱桃小丸子》《哆啦 A 梦》或《名侦探柯南》等动漫角色，针对像是"谚语""天体"或"昆虫"等各科目的形形色色主题，进行解说。

具体而言，有像是以《樱桃小丸子》或《乌龙派出所》（日文直译为：《这里是葛饰区龟有公园前派出所》）中的主角如两津勘吉等人物为主角绘制的《考取满分系列丛书》、《满分人物传》（以上皆为集英社出版）、《哆啦 A 梦的学习系列》、《名侦探柯南的推理档案》系列丛书（以上皆为小学馆出版）。

　　由于能和最爱的动漫角色一同学习，孩子也能开心地持续学习下去。

　　等到孩子升上小学三至四年级后，或许可以考虑试着让他们阅读手冢治虫先生（译注：1928—1989，日本动漫画家、医学博士，他确立了日本战后的漫画故事创作手法，同时奠定了日本的动漫发展基础）的漫画。

　　这位漫画家的作品包括《火鸟》《怪医黑杰克》等，有许多漫画的主题，都能让孩子思考人生或社会等相关问题。这些漫画或许也能逐渐扩展孩子的兴趣。

　　我大力推荐手冢治虫先生的漫画，理由在于，作品中所使用的词汇水平相当高。他的作品并不会因为这是孩童所阅读的漫画，而对使用的词汇设限。

　　例如，《怪医黑杰克》中，就理所当然般地使用"切除癌症患部之后，食道重建术……移植使用小肠肠道……"等台词。

　　孩子像这样看到困难词汇时，或许就会发问："妈妈，这个'切除'是什么意思？"

　　孩子发问时，就是让孩子学习的机会。此时，请切实为孩子解惑。

5. 孩子看电视时，要问他："为了什么而看？"

◎ **制定如何使用电视的"家规"**

电视是种魔物，一不留神，你就会成为它的俘虏。

而且，一旦成为它的俘虏，你的寿命绝对会因此缩短。这是因为原本没打算看却无止境持续下去的看电视的时间，就跟"死了"没两样。

因此，对于电视的使用，必须格外谨慎注意。

若家中电视持续开着，而且，老是播放综艺或歌唱节目，其实是颇为严重的问题。

长此以往，全家势必逐渐沦为"非知性家庭"，在这样的环境中，孩子的学习能力也难以提升。

所以，请制定"家规"，规范家中的电视使用状况。

例如，决定一天当中要看的节目，节目一完毕，随即关上电视。一旦决定"关电视"，请务必关上电视，不能破例。

家长想看的节目，可以事先录像，等到孩子不在时再看。

若是申请有线电视的家庭，个人推荐不妨运用预约视听的功能。这是能够事先预约想看节目的功能。

只要利用这项功能,电视就能优先播放家长所选择的节目(此功能与预约录像不同,详细功能,请洽询府上所利用的有线电视服务提供商)。

例如某些家庭,24小时都只预约新闻节目。像是早上7点到8点是NHK的新闻节目,8点到10点则是海外的新闻节目等。

我认为这是绝佳良策。如果采用这样的做法,即使电视整天开着,孩子双眼与双耳所接收到的,纯粹就只是新闻。

孩子也能随之逐渐熟知全球正在发生的大小事,同时培养对于国际情势的敏锐度。

◎ 并非百分之百彻底地禁止,要预留变通管道

不过,在这种情况下,或许尽可能地准备另一台电视比较好。也就是为孩子营造"另外一台电视,能看自己想看的节目"的状态。

这是因为,若彻底执行"完全禁看综艺或戏剧类节目"的禁令,孩子未免也太可怜了。

小学同学间聊天的时候,在不少情况下,整体气氛都会因为电视相关话题而变得热烈。为了让孩子多少看看这样的电视节目,跟得上朋友之间的话题,家长必须采取柔软的因应对策。

即使如此,还是必须多花心思考量电视的摆放位置。

例如,放在家中较少人出入的房间,像是幽暗、让人不想久待,或是想到"要走过去"就觉得麻烦的房间。

要是无论如何都想看综艺或戏剧节目,就到固定的房间去看。如果

是个像仓库的地方,那么看完想看的节目后,应该就会立刻想要回到客厅来。

如果事先做好这样的规划,慢慢地,除非是有特别明确的目的,否则应该不会开着电视,以至连原本不打算看的节目都花时间去看。

我们要做的并非禁看电视,而是设下关卡,让看电视变成一件"麻烦事"。

◎ 随时让孩子针对要看的节目,思考"为了什么而看?"

以上的方法只是范例之一,请尝试用心构思适合各自家庭的做法。

规范如何使用电视的家规,最终目的并非无电视生活,而是为了避免家中电视毫无目的地持续开着。有什么方法能够达到这样的目的呢?请不同的家庭,各自尝试构思探索。

在此必须附带说明的是,制定家规时,请避免由家长片面决定,而是应该由所有人一同商讨决定。那样的话,孩子应该比较能够认同接受。

商讨时,请勿忘记询问孩子:"你为什么要看那个节目呢?"让孩子随时思考"为了什么",就能慢慢改善孩子漫无目的、毫无节制地看电视的坏习惯。

6. 筛选并录下优良节目，容后再看

◎ 电视能迅速搜集资讯

并不是说电视节目全都不好，其中也有优良节目。我认为，积极让孩子观看这些优良节目，是件好事，同时也间接有助于课业学习。

事实上，想要迅速搜集资讯且加以理解时，通过看电视就能非常方便地实现。借助电视的影像传播，资讯的吸收率相当高。例如，观赏历史剧，对像是看书时很难记忆的时代顺序等，就能迅速记住。

重要的是，确实选择"让孩子观看的节目"。这不是说要让孩子实时收看，而是在筛选优良节目后，录像保存，事后再让孩子观看。如此一来，就能确认"为什么收看这个节目"了。

◎ 请让孩子观看能让头脑变聪明的节目

在此介绍希望家长务必选择的电视节目。

我的第一推荐是 NHK 教育电视台的节目。那些节目费尽苦心，只为了让孩子能在观赏时，乐在其中。此外，像是一些理化实验，借由影

像也比读书更容易理解。这就是电视的优点。

民营电视台中,我推荐《全世界最想上的课》("日本电视"播送网节目)等。还有许多孩子,是因为民营电视台的伟人特集节目,而对历史产生兴趣,读书也变得有趣多了。

除了电视节目之外,也请务必运用学习DVD。我推荐"NiKK映像"(http://www.nikk-eizo.com/index.html)所发售的系列DVD。

借由此系列DVD,孩子就能和他们喜爱的漫画角色,一起快乐学习如"日本历史"、"英语自然发音法"(Phonics,可译为"字母拼读法")或"汉字部首"等,从幼儿乃至初中生所需的必要知识。而且,此类教材的价格较为低廉,也是其魅力之一。

Chapter 3　培养聪明孩子的"家庭环境"营造方法

7. 打电玩时，引进"延长规则"

◎ **若不能禁绝电玩，就订定规则**

任天堂DS（俗称：NDS，一种手持式游戏机）或Play Station家用游戏主机（又简称PS）等电玩，同样非常容易沉迷上瘾。各位读者之中，想必也有许多人不想买给孩子吧。

但是，现在的孩子几乎人手一台这种电玩机器。

没有电玩机器的孩子，可能无法融入朋友之间的对话，有时，也可能因此遭受孤立。要是情况演变成那样，孩子就太可怜了。

我想，不买电玩机器给孩子，又想要面面俱到，是非常困难的。而且，家中若"不行、不行"地一味禁止，孩子也会跑到外头，借朋友的电玩，玩得痛快。

以下是我的朋友在公司尾牙聚会上抽中PS，带回家后所发生的小故事。

朋友起先是为了看DVD，在家里把那台PS装好后，就暂时放着不管。

结果，小学四年级的孩子有一次就买了电玩软件，玩起 PS 来。

我的那位朋友对于孩子的电玩技术如此高超，感到非常讶异。因为，他们家不曾为孩子买过电玩机器。

他询问孩子："你怎么这么会玩呢？"孩子回答："因为我都在朋友家拜托朋友让我玩。"那孩子似乎是背着父母，磨炼出电玩技巧。

无论如何，孩子之间的交流，确实存在于父母看不见的地方。即使父母如何反对，也是阻止不了的。

所以，家长不应该"禁止"电玩，而是应该制定家规，让孩子以正确的方式玩电玩。

◎ 以"延长规则"自我管控电玩时间

在此，介绍几项打电玩的规则。

第一，让孩子在家人齐聚的客厅打电玩。

第二，让孩子以"延长制"的方式去玩。

"60 分钟"是打电玩的自由时间。设定计时器，让机器在 60 分钟后发出哔哔声响。此时，必须暂时告一段落。

如果孩子想再玩，每延长 10 分钟，就必须做完一页的计算或汉字习题，这就是规则。

作答完毕，算出分数，也复习过错误习题，就可以重新设定计时器，再开始打电玩。

换言之，若根据此规则行事，做完六页习题，就能延长一个小时。

如果有这样的规则，不仅可以开心打电玩，同时也能确实消化课业内容。

附带一提，如果孩子中途想上厕所，记得暂停计时器。

计时器的管控，基本上是自我管控。这方面，必须在亲子信赖关系的基础上进行。

若是由家长分分秒秒地亲自管控时间，孩子也会觉得喘不过气。家长的做法，或许可以在宽松管理之余，让孩子切实做到该做的事。

在电玩中，也有许多电玩具有如"熟记汉字""培养计算能力"或"熟记历史或地名"等知识性内容。对于诸如此类的电玩，家长不妨与孩子同乐。

8. 如何引导孩子正确使用网络

◎ **让孩子在使用电脑时，拥有"电脑是家人共用物"的概念**

网络是"文明的利器"，也是现代人必须灵活运用的工具之一。

对于在未来社会中生活的孩子而言，"网络检索"，应该会逐渐演变成如同"搭电车""在便利商店购物"等理所当然必须学会的技能。相反地，如果无法灵活运用，必定会成为致命伤。

不过，使用网络也很容易让人沉迷上瘾。和电视一样，一旦着迷投入，就可能毫无止境地，持续盯着电脑好几个小时。

更何况，网络内容良莠不齐的问题，比电视更为严重。网络上充斥着许多如成人情色或荒诞不经的信息，对孩子有害。

因此，请让孩子在使用电脑时，拥有"这是家人共用电脑"的概念，将电脑放在餐桌或客厅等家人齐聚的空间。同时，也请事先让电脑连接上网的程序变得更为麻烦。

例如，每次上网都必须插插头，或是平常收在架子上，使用时，需要拿出来等。

像这样设下麻烦的使用关卡，除非真正必要，否则大多数的孩子就不会使用网络。

这些麻烦的关卡不论多简单，却能造成孩子上网或不上网的重大差异。

9. 借助收音机或有声书锻炼听力

◎ **您知道收听收音机"对头脑有益"吗？**

全家兜风或旅行开车时，请运用收音机当作车内的背景音乐。

收音机对于锻炼孩子脑力，能够发挥极大的成效。

因为收音机没有视觉信息，必须根据听进耳里的"词汇"，重新建构"印象"，进而理解说话者的口述内容。

所以，收听者在收听时，必须不停地动脑筋思考。这样的过程就能够锻炼孩子的脑力。

相同的情况，也会发生在我们看书的时候。两者的差别仅在于，收听收音机时是用"耳朵"，看书时是用"眼睛"，接收文字信息的同时，脑袋同样会进入全速运转的状态。

和上述情况极端相反的，就是电视和漫画。

电视或漫画主要由视觉信息所构成。光靠双眼所见信息，便能大概理解内容，并不需要在脑中重新建构"印象"。

换言之，若接收的是相同信息，比起电视或漫画，收音机或书籍，更能让孩子的头脑变得比较灵光。

广播节目中，有许多节目都能让成人、小孩一起娱乐。

若各位读者之前都不太习惯收听广播，请务必看看报纸上的广播节目栏。大家应该能够发现一两个"看起来好像很有趣"的节目。

不过，广播节目也像电视节目一样，有许多没营养的节目，重要的还是必须慎选节目。

◎ 通过学习有声书，用耳朵快乐地学习

个人也很推荐将"有声书"当作从耳朵搜集文字信息的工具。最近，坊间也有贩售各种类型的有声书。

例如，《小学日本历史年代：默记名人》《谚语·惯用语：默记名人》（皆为增进堂受验研究所出版）等有声书，主要是以小学生的快乐学习为宗旨编撰而成。在一家人开车兜风途中，孩子也能以轻松愉悦的心情，一边学习。

接下来所介绍的，内容就稍微严肃一点。我也推荐《中学入学考试入门：地理铁人》《中学入学考试入门：历史铁人》（皆为学研社出版）。

若是小学一、二年级，可以让孩子听《哆啦A梦：九九之歌》（CANYON出版），这一有声书将算术的九九乘法搭配旋律录音。只要在车内以上述有声书取代一般歌谣曲子，孩子大概就能立刻背下九九乘法表吧。

顺带一提，类似这样的歌曲并非仅限于车内播放，也能在亲子游戏

时播放，一同歌唱或许也很好。这些歌，能像童谣一般歌唱。

等到孩子升上约五年级时，就可以稍微升级，试着挑战涉及时事新闻的有声书。

这些内容可以从各式各样的网站下载购买。

将这些内容以 CD 保存后，也能在车内等环境中播放。

◎ **如何借助背景音乐，让西洋歌曲有助学习？**

升上初中，开始学习英语后，不妨在车内试着播放西洋歌曲。个人推荐例如 *Yesterday*（《昨日》）或 *I Want To Hold Your Hand*（《我想握住你的手》）等"披头士"（The Beatles）的初期歌曲，或"木匠兄妹"（The Carpenters）的歌曲。

刚开始，只要播放就好，孩子光听，就能记住英语的韵律。

接着，当孩子逐渐产生兴趣后，就给他们英语歌词，推荐他们："要不要边看歌词边跟着唱呢？这好像也能当作听力练习喔。"此举，也能逐渐与学校的英语学习相关联。

当然，这个方法切忌强迫。只要不经意地在车内播放歌曲，等到孩子显露兴趣时，再给他们歌词卡。

我所推荐的学习方法是，歌词的"临摹聆听"。

此法是看着歌词卡，一边听音乐，一边以手指临摹所听到的英语。

借由"临摹聆听"，就能养成在听英语时，一边留意声音与词汇对应的习惯。

不过，一旦营造出"利用歌词，来'用功学习'吧"的气氛，孩子好不容易被激发出的拼劲，也可能被削弱。所以，我想最好能以像是"我们来玩'临摹聆听'游戏吧！"的游戏感觉，引导孩子进入状态。

在现代社会中，乘坐在车上的时间不算短。在这种时间里，请试着运用像这种从"耳朵"获取文字信息的工具。

10. 在厕所张贴默记用资讯

◎ **我所推荐的厕所时间如何利用？**

不论任何人，一天都会数度走进厕所。"我今天，厕所一次都没去"，大概不会有人这样说吧。

而在走进厕所后，大致说来也没别的事情好做。这种情况，以时间的运用看来非常浪费。

所以，大家不妨试着将厕所打造成"每个家人的学习空间"。由于这是一人独处的空间，颇能静下心来、集中精神。

例如，在厕所门后贴上能自由放入或取出纸张的A4尺寸文件夹（不妨采用透明无色的文件夹），并放入约10至20张写有默记内容的纸。

若是"社会科"，就写上必须默记的地名、当地特产、历史人名等，如果能用这个方法背下来，就太好了呢。

我也推荐写下像是"英语科"的单词、习语、语法项目等。此外，"理科""算术"或"国语"等，最好能够加以默记的内容，也很适合运用这个方法。

每一张纸的书写分量，大概是在短时间内就能默记的范围。上厕所期间，或许先约略瞄过整体内容就好。个人推荐，以马克笔写下斗大字体，方便阅读。

孩子在厕所中，常会空有闲时却无事可做，所以，若能事先备妥上述资料，孩子就会一如期望，出声阅读。

若能定期更换厕所内的资料，光凭在厕所内的时间，就能记住不少资料条目。

◎ 在厕所摆放小书架

另外，还有个方法，就是在厕所摆放小书架。

书架上或许可以摆放学习漫画等能让孩子随手翻阅的读物。

如果放的是漫画，由于内容轻松，我想，孩子也很容易伸手取阅。

11. 将"一天3分钟",作为家庭学习时间的基准

◎ 为了能够每天持续学习,起初先降低门槛

如果孩子是小学生,各位读者认为每天的家庭学习时间,应该多久比较合适呢?30分钟?1小时?或是3小时呢?

我认为,将家庭学习时间的基准设为"一天3分钟"就好。

"3分钟,到底能学到什么呢?"或许也有人会这么想吧。的确如此,3分钟能做的事情,微乎其微。

但是,如果和孩子说:"一天要念3小时的书。"孩子会感到沉重负担。念书门槛大幅提高,最后很可能沦为"结果什么都没做"的情况。

不过,如果把要求改成"一天念书3分钟吧",孩子也会比较容易开始念书。

而且,虽然说是"3分钟",但是,我想一旦实际开始念书,3分钟之内是无法结束的。10分钟、20分钟……,当孩子猛然回神,应该会发现自己已经持续埋头念书了。

就在每天这样不断持续的过程中,孩子应该也会逐渐产生"什么都

没念就上床睡觉，感觉很不好"的心情吧。

这正是我们的目的。

念书最重要的就是，要每天持续下去。

要是"一个礼拜当中只有一天念 10 小时，其余六天什么都不念"，实际上，并无法提升学习能力。

所以，一旦大幅降低门槛，变成"一天只要念 3 分钟"，无论如何，孩子至少能够每天持续念书。

采用这个方法，就能期待孩子养成每天念书 1 个小时以上的"家庭学习"习惯。

12. 让孩子接触"好事",远离"坏事"

◎ 以"行动"与"态度",展现出"坏事"

不论是电玩、电视、漫画或书籍,这世界上有些事物能帮助提升孩子的学习能力,有些则毫无助益。

重要的是从这些良莠不齐的内容中,拣选出"好事"与"坏事",引导孩子多接触"好事",同时,尽可能远离"坏事"。

但是,当家长说"不行",希望孩子远离"坏事"时,孩子却不听话。这是因为,光靠"嘴巴"根本就没用。

那么,应该怎么做呢?此时,应以"行动或态度"毅然表态。否则,就无法将此讯息传达给孩子。

例如,当孩子说"爸爸,这个电玩很好玩耶"或是"妈妈,一起来看这个节目嘛",家长看过电玩或电视节目后,觉得内容都不太好,就应该嘟囔道"喔",并显露出冷淡态度。

当然,家长可以稍微顺着孩子的意,陪他们一会儿。但是,这时可不能乐在其中,应该展露出不太愉悦的脸色,借此表示:"身为家长,不希望你在这上头花时间。"

另一方面,针对希望孩子多花时间接触的"好事",家长则应该试着与孩子同乐,像是玩扑克牌、百人一首〔译注:日本镰仓时代著名歌人藤原定家(1162—1241)私撰和歌集,后演变成读吟者朗诵诗歌,竞赛者从写有诗歌的一百张牌中,选出正确纸牌的纸牌游戏〕或是"大富翁"等游戏。请家长以返老还童的心情,与孩子尽情玩乐。

◎ 对于"不希望孩子去做的事",家长也必须保持距离

家长借由此举,才能显示这是"好事"或"坏事",或是"我不希望你做"或"我希望你做"的明确态度。孩子也才能随着掌握相同方面的行为处事。

这种过程,当然多少需要一段时间。不过,为了引导孩子迈向"知性之路",家长最重要的是,具备"锲而不舍的耐力"。

若想要对孩子表态:"我不希望你做这件事",家长自己就必须对那件事保持距离。

家长平常自己只会看漫画杂志,却对孩子说:"我不希望你看这种没营养的漫画。"那么,孩子自然也会把家长的话当作耳边风吧。

孩子会将父母的言行都看在眼里,而且,会在不自觉中去模仿。请家长别忘了这一点。

请家长以身教,对孩子说:"不行!"

13. 通过家人间的对话，锻炼孩子的思考能力

◎ 首先，请家长展现"倾听孩子说话"的态度

家人间不经意的对话，对于提升孩子学习能力是不可或缺的。

对话必须要有"词汇"才能成立。孩子能在亲子对话的过程中，学会全新词汇。这是汲取全新知识的机会，同时也有助于锻炼思考或逻辑能力。

当全家一起用餐时，孩子主动说："今天在学校啊……"就是个好机会，请仔细倾听孩子说话。

孩子的话，可能有时支离破碎或说明不足，也可能难以理解。遇到这样的情况，请进一步询问："是怎么一回事呢？"若将其比喻成谈话性节目，家长就是主持人，而孩子是来宾。家长应该尽量引导来宾，也就是孩子，深入地表达自己的想法。

像这样每天进行亲子间的"脱口秀"，孩子就能学会众多词汇，逐渐做到条理分明的口语表达。

◎ 孩子提问，就是亲子对话的良机

在看电视新闻、在餐桌上看书或在客厅阅读时，孩子可能会提问："这是什么？"

在这样的时刻，请不厌其烦亲切地回答。这是因为，当孩子内心对某事物不了解，进而提出疑问的瞬间，就是提升孩子学习能力的绝佳时机。

孩子多半都是当家长想教的时候，无心学习。相对地，当孩子自己提出疑问时，却会仔细聆听父母的话。坐失这些难得良机，是非常可惜的。

家长之中，也有一些人认为："不应该什么都只会开口问人，不自己去找出答案，对孩子本身没有帮助。"

的确，自己找答案是很重要的。我在升学补习班遇到学生问问题时，也不会直接告诉他们答案，我只会告诉他们有助于寻找答案的提示。因为，我希望让学生自己对此深入思考。

但是，如果对只是幼儿园或小学生的孩童，我想，家长可以直接告诉他们答案。

孩子年纪还小的时候，只要在亲子沟通的过程中，慢慢学习什么是"自己不知道的事情"、什么是"自己不懂的事情"就好了。

◎ 孩子若处于"倾听模式"，也能顺便吸收额外信息

此外，当孩子提问时，不要只是针对问题回答，也请告诉他们附带的知识或信息。

当看新闻的孩子问道："我问你喔，'下台'是什么意思啊？"在

说明"下台"的含义后,也要一并告知词汇相关的背景知识。

就像是:"你知道为什么会下台吗?那是因为有个部长拿了不该拿的钱,做的是坏事,所以才要下台喔。"

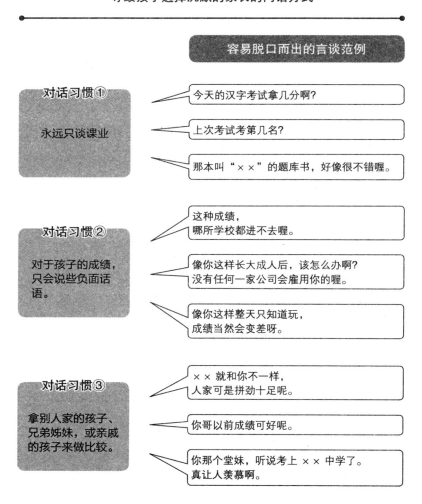

导致孩子选择沉默的家长的问话方式

容易脱口而出的言谈范例

对话习惯①

永远只谈课业

- 今天的汉字考试拿几分啊?
- 上次考试考第几名?
- 那本叫"××"的题库书,好像很不错喔。

对话习惯②

对于孩子的成绩,只会说些负面话语。

- 这种成绩,哪所学校都进不去喔。
- 像你这样长大成人后,该怎么办啊?没有任何一家公司会雇用你的喔。
- 像你这样整天只知道玩,成绩当然会变差呀。

对话习惯③

拿别人家的孩子、兄弟姊妹,或亲戚的孩子来做比较。

- ××就和你不一样,人家可是拼劲十足呢。
- 你哥以前成绩可好呢。
- 你那个堂妹,听说考上××中学了。真让人羡慕啊。

不过，在此必须注意的是"别太过火"。要是说明过于烦琐，孩子就不会再度提问了。

当孩子对话题显露出不耐的神情时，就要踩刹车，不要啰里啰唆地滔滔不绝。为此，家长在亲子对话时，仔细观察孩子的情况，也是非常重要的。

14. 根据孩子个性，选择适合的学业补习班

◎ 如何善用补习班？

或许也有些家庭会让孩子从小学开始，就到补习班补习。

只不过，我个人理论主张，养儿育女重要的是，培养孩子的"个人潜力"和"学习能力"。培养这些能力的基础，是在学校以及家庭的经验教育。我认为，大家只要在此大前提之下，根据本身需求，利用补习班即可。

在小学阶段，每个孩子的成长还存在相当大的个人差异。所以，不仔细观察孩子的情况，勉强孩子去补习，也会对孩子造成沉重负担。

我在前段写了"根据本身需求"。那么，在什么样的情况下，让孩子去补习会比较好呢？

其一，是孩子跟不上学校课业的情况。在此情况下，或可让孩子到辅导课业的补习班去。我想，像是老师对学生的一对一、一对二，又或是小班制，能对学生逐一细心指导，把孩子教到会为止的补习班，是很好的选择。拜托家教帮忙辅导课业，或许也不错。

补习若能帮助孩子跟上学校课业，逐渐找回自信，连带也能成为促使孩子加速成长的契机。

◎ **深入了解学业补习班的种类后，再加以选择**

还有一个最好让孩子去补习的情况，那就是学校课业内容不足。

这类孩子其实有心念书，既然孩子难得有心，我想，最好是让孩子到那些以初中入学考试为目标的补习班，让他们好好念书。

如何深入了解学业补习班的种类呢？

类型 1	特征	适合的孩子
重视"无论如何，都要考取理想学校、考取高分"的补习班	• 功课很多 • 总是激励学生加油"提升成绩" • 竞争激烈、明显 • 倾向于只顾成绩优良学生，其他学生"放牛吃草" • 有时可能严厉地怒斥学生	• 爱竞争的孩子 • 满腔热血，具备坚持求胜的运动精神的孩子 • 爱念书的孩子

类型 2	特征	适合的孩子
以提升成绩为目标，也重视个人潜力的补习班	• 功课适量（分量能让孩子毫无负担地完成） • 虽有竞争，但不激烈 • 各种资质的孩子齐聚一堂 • 能细心关照不擅长念书的孩子 • 比起促使孩子努力挑战极限，更重视让孩子保留余裕	• 不擅竞争的孩子 • 温和斯文的孩子 • 除非师长动怒，否则不想念书的孩子

只不过，让孩子去补习班之前，请先确实地了解各种补习班的类型。

日本的学业补习班可分为两大类。一种是重视"无论如何，都要考取理想学校、考取高分"的补习班，另一种则是"虽以提升成绩为目标，也重视个人潜力"。

若是不排斥与他人竞争，把念书当作运动竞技，而能乐在其中的孩子，或许可以让他们去前一种补习班。

另一方面，相对而言，比较温和斯文，不太喜欢与人一较高下的孩子，让他们去前者的补习班，只会每天感到痛苦。

尽管如此，如果孩子一味忍耐地持续地去补习班，性情也会变得古怪。像这样的孩子，最好还是让他们去第二种补习班吧。

选择补习班时，请根据周遭旁人提供的讯息等，调查各补习班的特色，为孩子选择出适合他们个性的地方。

Chapter 4

激发孩子"拼劲"的八个方法

1. 请家长成为孩子远远的"管制塔台"

◎ **孩子若有拼劲，即使你不管，也会主动学习**

要提升孩子学习能力，拼劲，至关重要。

若孩子本身有拼劲，即便家长放任不管，孩子也会主动念书。只要能够主动念书，学习能力也会随之提升。只要孩子亲身体验到这个道理，就会更有拼劲，然后进一步茁壮成长。

我想在本章和各位读者一同看看家长该做些什么，才能激发孩子的拼劲；相应地，什么又是家长不能做的。

◎ **家长无法掌控孩子**

首先，家长必须深切体认的是"家长无法百分之百掌控孩子的人生"。要孩子按照家长的期望来行动，通常是不可能的。

此话一出，想必任何人都会认为"这种事情我早就知道了啊"。然而，家长通常都很任性，即便脑袋清楚了解此理，却会在潜意识中，希望孩子按照自己的期望来行动。

例如，自身的梦想、幼时怀抱的自卑感、在周遭人前的虚荣感等，这一切都会不知不觉地，转移到孩子身上。像是"爸爸出社会后，因为学历吃尽了苦头，所以希望你能进好学校就读""像××或×××那些孩子，都报考私立中学呢。你也得考才行""我们家的孩子如果能够说一口流利的英语，我们也会觉得很有面子呢"，等等。

家长诸如此类的想法或期待，和孩子有心努力的目标一致时，可真是谢天谢地了！但是，大多数情况并没有这么顺利。

对于企图掌控自己的家长，几乎所有孩子都会伤心哭泣或大吵大闹，加以抗拒。要是陷入此类状况，孩子就会越来越没有拼劲。

◎ 家长必须耐着性子，持续从"管制塔台"发出指示

那么，家长该以何种形式参与孩子的人生呢？

当我在升学补习班家长会等场合中面对各位家长时，常会说出这么一句话：

"请家长成为孩子的'管制塔台'。"

请大家把孩子的人生想成是"飞机"，把孩子本身想成是"机长"。

在此情况下，家长必须做的，就是从远方管制塔台，慢慢营造出一个良善的飞行支援环境，帮助"飞机"得以确实起飞，同时帮助机长避免操作错误。

"飞机"可能迟迟无法起飞，"机长"也可能不遵从管制塔台指示。

即使是这种状况，家长也必须耐着性子，从远方管制塔台持续发出指令。

此时，不可离开管制塔台进入"飞机"，坐到"机长"隔壁驾驶飞机。这就是企图直接掌控孩子人生的行为。

在"机长"驾驶"飞机"起飞之前，家长都不能直接出手，而必须间接支援。这才是家长与孩子相互联结的方式。

家长该如何参与孩子的人生？

✗ 直接掌控孩子的人生　　○ 间接掌控孩子的人生

◎ 家长仅需提供"材料"，判断则由孩子自己完成

举例而言，有个因初中入学考试而吃尽苦头的家庭。

那个家庭中有个小学生，家长的立场是希望孩子参加初中考试，但是，孩子就只坚持："我绝对不要参加初中入学考试！我要去念公立初中！"

后来，怎么样了呢？

听说，母亲面对孩子时，决定绝口不提入学考试的事情。她后来对于主张"想念公立学校"的孩子,转而认同地说:"妈妈觉得这样也好。"

另一方面,当谈话有机会触及未来的人生方向时,她就会不经意地,向孩子勾勒出念公立初中以及初、高中直升学校,两种不同生活的模拟蓝图。

"如果念公立学校,刚开始虽然轻松,不过,三年后,要面对高中入学考试,那时候,就必须拼命用功念书。如果念的是初、高中直升学校,虽然要面对很辛苦的初中入学考试,不过,因为没有高中入学考试,所以,可以放松享受六年的学校生活。"

不过,家长在这部分并没有说"哪个比较好"。他们自始至终面对孩子的一贯态度,都是"你自己决定哪种生活比较适合自己吧"。

而且,他们也利用外出散步,或学校文化祭(译注:日本校园为了让学生展现学习成果,所举办类似园游会的例行公开活动)、运动会等机会,和孩子一起到公立初中或初、高中直升学校参观。

像这样,就在父母"若无其事的运作"之下,结果,听说后来孩子决定要报考初中直升高中的学校。那个孩子从小学六年级开始用功准备入学考试,后来也一举金榜题名。

到底是要选择公立初中或初中直升高中的学校?家长将这样的决定权完全交给孩子。但是,为了帮助孩子做出判断,家长必须毫不吝啬地提供必要的各种信息。

所谓"成为孩子的'管制塔台'",就像是这对父母所采取的方法。

2. 让孩子尽情投入感兴趣的事物

◎ 什么样的管教方式，会剥夺孩子的雄心壮志呢？

我在升学补习班中教过无数孩子，其中有些孩子"怀抱雄心壮志"，有些孩子则"毫无雄心壮志"。

"怀抱雄心壮志"的孩子，即使在初进补习班时，成绩并不亮眼，之后，却能渐入佳境、迎头赶上。

另一方面，"毫无雄心壮志"的孩子，则是维持低空飞行，迟迟不愿乘着上升气流翱翔。

此外，两种孩子的学习态度，也有非常大的差异。

"怀抱雄心壮志"的孩子，念书遇到不懂的问题，首先会尝试自己解决。再三思索后仍无法解答时，才会来问讲师。

另一方面，"毫无雄心壮志"的孩子，一遇到不懂的问题，就会立刻希望他人提供答案，动辄前来询问老师。他们不想用自己的脑袋思考。

我之前始终心怀疑问，不了解这样的差异从何而生。

后来有一次，开始想到"怀抱雄心壮志的孩子"与"毫无雄心壮志的孩子",其两者差异,或许源自于家长对待孩子的方式。在升学补习班反复进行三者(学生、家长、讲师)面谈的过程中,我逐渐萌生这种想法。

只要仔细听听"毫无雄心壮志的孩子"他们的家长发言,就会发现他们常说"那个不行"或"这个不行",对孩子满嘴都是一连串的"不行"。

◎ 大概在小学二年级前,"自由"优先于"管教"

那么,家长这种对待孩子的方式,是哪里出了问题呢?

问题就在于,"不行"的禁止事项越多,就越会逐渐剥夺孩子的好奇心。

幼儿期的孩童真的是举目所见,净是趣味。这个也想伸手摸摸、那个也想伸手摸摸;有时想要敲敲看,有时则想要扔扔看,有时大概也可能把东西给弄坏吧。

此时,身为家长的各位读者,会如何应对呢?

你们是不是会脱口而出,"不能摸那个""不能敲那个""不能把那个弄坏"呢?

我认为,家长在孩子大概到小学三年级之前的这段时期,最好别太常说"那个也不行、这个也不行",请尽量让孩子自由地行动。

家长当然必须一边留意孩子的安全,但是,面对孩子应以"什么都能碰喔""什么都能敲打喔""什么都能弄坏喔"的姿态对待。

请尝试让孩子尽情投入感兴趣的事物。我认为,这样也能逐渐培养孩子的好奇心。

家长一旦不断地帮孩子踩刹车，就无法充分地培养出孩子的好奇心。更有甚者，还会因此教养出对外在事物不感兴趣、不论做什么都会感到恐惧，"毫无雄心壮志"的孩子。

◎ 让孩子大概从小学三年级起，意识到家长的"管教"即可

好奇心对于提升学习能力非常重要。有了好奇心，才会萌生拼劲，并进而采取行动。

而且，"学习"行为的本身，归根结底，正是源自于好奇心。

直到大概小学二年级的这段时期，就算家长企图"管教"，也无法期盼有多少成效。即使当时"管教"了，一个小时后，就全忘光了。

"管教"大概要到小学三年级才会出现效果。若想确实教导孩子各种禁止事项，等到了上述年龄再来进行即可。

3. 不用"直球"方式明说,采取迂回战术

◎ 升学补习班讲师所实践的"让孩子听话的说话技术"

不论家长再怎么说破嘴:"去念书!"孩子也鲜少言听计从,这应该是许多家长的烦恼吧。

升学补习班讲师也有相同烦恼。劝学生说:"你们快去念书啊!"也没有人会听。

但是,像我身为一名升学补习班的讲师,本职工作就是要让学生念书。如果因为"都说了'去念书',却没人要听话……"就举白旗投降,等同于放弃自身工作。

要怎么做,才能让学生听话,并对念书萌生拼劲呢?思考这方面的问题,也是我的工作之一。

在常年从事升学补习班讲师工作的过程中,我发现了值得珍视的方法。

那就是避免以直球方式说"去念书",而是尝试投出变化球。例如,像是以下这种情况。

"什么用功准备入学考试？要是不想念，也可以不念。要是真的觉得'不去考，爸妈又很烦……'的话，不考，也OK啊。"

就像这样，从先说反话来展开对话。

紧接着，如果发觉就某种程度而言，学生已经进入倾听模式，就可以开始下一个阶段。

"只不过，接下来的90分钟，好好听我上课。要是稍微觉得'我可能也做得到吧'，那么，试着用功准备入学考试，不是也很好吗？"

像这样慢慢地、逐渐地，将孩子引导到我们所期望的方向，然后，再审慎地"筑起坚固的护城河"，堵住学生的逃脱管道。

然后，等到大概已经没问题的时候，再斩钉截铁地说出："所以，快念书吧！"

◎ 家长说"去做！"却偏"不做"的孩子

让孩子用功念书的功夫，可说是形形色色，说起来，是种对孩子的善意"欺骗"。或许，也可说是必须让他们大感意外。

孩子有部分天性就是爱跟你唱反调。当家长说"去做"，就偏偏不做；当家长说"不做也行"时，反而会做。这是因为，孩子就是想要去做与家长期望相反的事情。

当然，上述的善意"欺骗"绝非易事，家长必须为此耗费莫大心力。事情的发展，也可能无法尽如人意，失败概率或许还比较大。

但是，请切勿焦虑心急，此时，必须好整以暇、稳扎稳打地逐渐营造出，仿佛是"孩子自己本身选择"的感觉。

◎ 家长千万别主动询问："成绩单呢？"

以上介绍的稍微"迂回"传达意思的方法，也可以运用在平日的亲子对话中。

例如，当孩子带着正式考试、模拟考成绩单回家的时候。

多数家长大概都很想知道结果，迫不及待地等着考试结果出炉。但是，这对孩子而言，压力沉重。对于拿成绩单给家长看，孩子可能心怀恐惧，或是对成绩单萌生厌恶感。

家长总想看到孩子的成绩单，理所当然，但建议家长一定要压抑住这种情绪。

即使孩子带着成绩单回家，家长也别说什么来追问，必须佯装毫不在乎的样子，等孩子自己主动出示。

当家长现出这样超乎想象的反应时，孩子反而会感到不可思议，同时也会主动地把成绩单拿出来给家长看。因为这样的情况太奇怪了，反而会让孩子渐渐坐立难安，进而询问："难道不想看成绩单吗？"

尽管如此，家长此时还是必须忍耐，必须说着"如果不想给我看，也没关系啊"，继续做出毫不在意的反应。

◎ **通过让孩子大感意外，促使他们采取行动**

就在这样的过程中，孩子自然会慢慢想要主动出示成绩单。身为家长，大概会在内心雀跃呐喊："太好了！大成功！"

但是，这时候，不能掉以轻心。

必须维持住一贯的漠然态度。要表现出好像是孩子自己主动出示般，淡然地回应："既然你都这么说了，那就看看参考一下吧。"

然后，在佯装冷静之余，慢慢仔细地确认成绩单（如何看待孩子的成绩？会在下一个章节解说）。

家长所采取的行动，必须出乎孩子的预料之外。

这并非易事。但是，请试着坚持下去。个中的变化或许是一点一滴的，不过，这样的行动，的确能够引导孩子走向"学习"之路。

4. 帮孩子修正轨道时,要从远处,慢慢地微调

◎ 身为家长,也有能说出口和不能说出口的事

不论是多么幼小的孩子,都会在意个人的面子问题。家长绝不可以做出让孩子颜面扫地的事情。

例如,切忌劈头对孩子说出以下的话:

"你为什么就不能多些拼劲呢?笨蛋!"
"你为什么总是没两三下就放弃呢?真是没用啊!"
"像你这种容易得意扬扬的人,到头来,一定会失败的哟。"

要是家长反复说出这种话,孩子会感到颜面扫地,慢慢地,就会丧失拼劲。这样的孩子会认为"反正自己(就像父母所说的)是个没用的人……"而自暴自弃,最后,会沦为对任何事物都提不起劲的人。

就算有时真的觉得自己的孩子没出息,也请别直接说出口。若以"直球"方式直接指出孩子的缺点,孩子会感到颜面彻底地遭到践踏。

父母不应该采取这种做法,而是要分析"孩子哪部分较弱?是否已成为孩子的缺点?"之后,再以举例或比喻的方式,不着痕迹地触及相关问题。

◎ 避免一口气直触核心,要不着痕迹地,以其他的例子,进入相关话题

例如,遇到孩子完全不念书,而导致成绩大幅滑落的情形。

此时,不妨用以下这种方式,逐渐地展开对话。

"爸爸最近胖了两公斤耶。可不是两百公克喔,是两公斤呢。所谓两公斤,大概是这样的量喔,真糟糕呀!人啊,还真不能松懈下来呢。"

孩子此时若愿意参与话题并继续对话,就是个好机会。

"嘿,要不要跟爸爸一起想想,该怎么办才好呢?"

"想瘦两公斤的话,就算只有一点点也好,每天持续地努力,是很重要的吧?不管是工作或其他任何事都一样,几乎所有事情,只要每天持之以恒地努力下去,就会慢慢变得顺利吧?如果是一点点或是不明显的错误,一定能够挽救的吧?好,那就从今天开始努力啰!"

就像这样,在交谈时,将想说的事情,转换成其他的事情。

此处的重点在于,避免直接对孩子说:"成绩为什么会退步呢?我们一起来想想吧""念书这种事情,重要的是要每天持之以恒""只要好好加油,下次一定可以挽回的"。

家长要做的是从远处，一点一滴地帮孩子修正轨道。乍听之下，家长所说的，仿佛是截然不同的事，事实上，还是和孩子的课业息息相关。

在上述情况下，举凡如"只要每天持之以恒地努力下去，就会慢慢变得顺利""如果是一点点或是不明显的错误，一定能够挽救"等，借由这样的迂回方法，不着痕迹地让孩子察觉，慢慢地让孩子领悟。然后，再逐渐深入探讨问题核心。

如果内容也夹杂了家长自己失败经验的谈话，或许更能够引发孩子共鸣，让人期待更为显著的效果。

5. 越是孩子成绩退步时，越要坚定地说："不要紧！"

◎ **拥有心理韧性的孩子，成绩更容易提升**

孩子的成绩有可能忽然大幅进步，也可能忽然大幅退步。在多数情况下，孩子的成绩并不会平稳地逐步提升，反而呈现大起大落、慢慢提升的状况。

不过，在某些情况下，也有可能忽然大幅滑落后，就再也不见起色。其中的差异，到底源自何处呢？

至今为止，我在升学补习班里看过无数的学子，那些即使成绩退步，却能再度迎头赶上的孩子，都有一项共同点。

那就是，他们的态度都很"正面乐观"。

这些学生即使考出了不好的成绩，也不会整日垂头丧气、怀忧丧志。

"这次考出坏成绩，真是太好了！这样才能鞭策自己更努力呀！"他们总会像这样调整心态，然后继续前进。

此外，这些学生还能够自我调适，去确认考试不顺利的真正理由。因此，他们能够做到不随着考试结果或喜或忧，而能冷静分析败因，并将失败转化成下次成功的能量。

像这种正面乐观的态度,被称为"心理韧性"。

要继续生存,心理韧性是非常重要的。这同时也是成绩能够逐渐提升的孩子必定拥有的一项特质。

◎ 家长在孩子失败时的表现,决定孩子的心理韧性

家长该怎么做,才能培养出拥有心理韧性的孩子呢?在孩子失败时,家长如何对应是关键。

当成绩大幅滑落时,孩子的情绪自然会变得很负面。在这种时刻,家长应该表现出"不要紧啊"的正面态度。家长能否做到这一点,将对培养心理韧性产生绝对影响。

具体而言,可以试着用下列方式,以积极面对现实的话语,推孩子一把。

"在这时成绩退步,反而可以成为一帖良药,让你下次更进步的喔。"

"成绩有时本来就是会退步的嘛。你是在烦恼这种事吗?真拿你没办法耶,没关系、没关系,别放在心上。下一次,一定可以顺利考到高分的。"

相反地,当孩子考出坏成绩时,如以下所述,像在打落水狗般的词句则绝对禁用。

"考这种成绩,哪所学校都进不去!"

"你搞什么啊,跟××相比,真是天差地别耶!"

如此一来,只会让孩子更加沮丧。孩子要是在这种心情的阴影下,再度考试,也不可能会顺利。而且,还会逐渐丧失自信。

更重要的是,要是让孩子像这样陷入恶性循环,要全身而退,会越来越难。

结果,不但无法培养出心理韧性,反而导致只要出现一点小失败,就会立刻丧失拼劲的可怕后果。

◎ 人生要以"move on"的姿态走下去

不论是人生还是念书,不如意事十有八九。如果没有这种体悟的话,很容易陷入负面情绪,难以挣脱。

每当发生这种情形时,请家长为孩子持续表现出正面的积极态度。在这种不断地重复发生的过程中,相信能培养出拥有心理韧性的孩子。小孩不会每逢小小的失败就一蹶不振。

"让事物不断往前迈进"这句话,英语称为"move on"。身为家长,真的是需要具备所谓"move on"的态度。

6. 称赞、称赞，铆起来称赞

◎ 就眼前所见称赞孩子

在此，也推荐另一个培养孩子心理韧性的方法。那就是"铆起来称赞"。也就是彻底地称赞孩子的好、努力的地方，或是有进步的部分。

大部分来看，多数孩子受到称赞时，就会努力加油。但是，也有些孩子是在受到严厉对待时，才会觉得："哼，那就拼给你看！"不过，那真的只是少数。几乎所有孩子都是受到称赞后，才会觉得情感获得激励而奋发向上。

至于称赞的内容，怎样都可以。也许有家长会这么想："我找不到孩子身上有什么是可以称赞的……"其实无须把这件事想得太难，只要对你所看到的事情出言称赞即可。

孩子把饭全部吃完了，就说："哇，全都吃完了耶！好厉害喔！"
孩子能够早起时，就说："你真的很努力耶！"

呼唤孩子时，若得到回应，就称赞："嗯！这样才乖！"

总而言之，请出声称赞孩子值得肯定的表现。

亲子关系是很复杂的。孩子常会反抗父母，另一方面，心底却强烈地希望获得父母认同。

孩子因为"想获得爸爸、妈妈认同"的情绪而发奋读书、学习才艺或帮忙父母做事的情况，不在少数。

正因为如此，希望身为家长的您，当孩子为了什么而努力时，应该多多赞赏认同。

只有像这样，在获得父母认同的过程中，孩子才能持续成长进步。

7. 好好调理孩子的睡眠、饮食习惯

◎ 规律生活的关键在于"睡眠"与"饮食"

为了激发孩子拼劲,有一点是不能忘记的。那就是一定要让孩子过着有规律的生活。这对于让孩子拥有学习能力是不可或缺的。

那么,所谓"有规律的生活",具体而言,是怎么一回事呢?

基本就是"睡眠"和"饮食"这两件事。

只要能在家庭中好好调理这两种习惯,孩子体内自然就能生出能量与活力,这些也都会逐渐关联到学习能力。

然而,最近有越来越多的孩子并未调理好"睡眠"和"饮食"这两种习惯。在这两方面没有好习惯,意味着家长并未创造出让孩子成长的相关优良环境。

◎ 削减睡眠时间学习,反而会产生负面效果

先谈睡眠时间。

观察最近情况，谈到孩子的睡眠时间容易陷入混乱的理由，一般都会举出"在准备初中升学考"或"在上补习班"吧？

若是以初中升学考为目标而到补习班补习的小学生，大概晚间10点才能回到家。

回到家能立刻睡觉那还好，可是，回家后还必须做学校或补习班的功课。另外，还必须为隔天上课预做准备，而且还得洗澡。

就这样，虽然还是个小学生，就寝时间却可能是深夜12点或超过凌晨1点。

就寝时间若越来越晚，每天的睡眠时间就会缩短。小学生的睡眠时间如果每天只有五六个小时，就无法应付信息密集的课业了。

我以长年从事升学补习班讲师的经验，能够这么断言：学习能力并不会与学习时间的增长呈正比。更重要的是，家长要弄清楚孩子到底能够应付信息多密集的学习？

总之，对于孩子而言，削减睡眠时间的负面影响很大。孩子本人的能量或活力都会逐渐丧失，甚至会招致学习能力逐渐下降的风险。

◎ 夜深了就干脆上床睡觉，第二天再早起念书

到小学阶段为止，孩子应以"晚上大概10点就寝、早上6点起床"的早睡早起习惯，为基本要求。

要是必须补习等，无论如何都会迟归，回到家就要立刻洗澡、就寝。补习班或学校的作业等早上再做。也就是反过来把早起争取到的时间，当作学习时间。

人类是借由睡眠恢复精神。在夜晚想睡觉时学习，和早起精神饱满时学习，两者效果截然不同。早上比较能够集中学习和高度吸收，不但可以很有效率地持续下去，也很容易将知识记入脑海。

确保完整睡眠时间

时间	睡眠不足孩子的模式	睡眠充足孩子的模式
PM 21:00	补习班……	补习班……
22:00	22:00 到家 • 更衣梳洗	22:00 到家、更衣梳洗 22:30 就寝
23:00	• 作业	
0:00	• 准备隔天上课 ……	
AM 1:00	1:00 就寝	8 小时睡眠
2:00		
3:00	6 小时睡眠	
4:00		
5:00		
6:00		6:30 起床
7:00	7:00 起床	• 作业 • 准备今天功课

一位相当有名的研究脑部的大学教师也说："比起夜晚，人脑在白天的活动力较强。"从脑科学的角度而言，早晨比较适合学习。

想让孩子养成早睡早起的习惯，家长本身也要养成这种习惯。

孩子会模仿家长的行为。家长若晚上迟迟不睡，孩子自然也会延后就寝时间。

请亲子双方务必试着一同实践早睡早起。

◎ 早餐是一天所需能量最不可或缺的部分

接下来，让我们来看看"饮食"。

饮食必须一天三餐、规律地用餐。其中，尤以早餐特别重要。最近，似乎有许多孩子都不吃早餐，我认为最好还是让孩子乖乖吃早餐。

这是因为，早餐会成为一天能量的基础。

一天之中，吃不吃早餐，关系到当天能否神采奕奕。

此外，家长对于孩子吃些什么，也必须投以某种程度的关心。

如果总以"很忙"为由，老是让孩子吃一些快餐，也不太好。请为孩子多加留心，像是让他们多吃蔬菜等，让孩子从小养成均衡的饮食习惯。这样一来，孩子在精神方面也能够比较稳定，学习情况也能变得稳定。

8. 以行动而非话语表态

◎ **孩子的行动是反射家长行动的镜子**

对于家长说要他们"去做"的事情，孩子不会乖乖去做。不过，却会模仿家长"正在做的事情"。从某方面来看，这是好事，也可能是坏事。

例如，有些家长会说："我们家的孩子，整天只知道看些没营养的无聊电视节目。"不过，其中却有不少家长，自己也在看类似的电视节目。那样的家庭中，往往一天到晚都在播放没营养的无聊电视节目。

说"我们家的孩子每天只知道打电玩，根本就不念书"的家长也是一样。仔细观察他们的家庭状况，就会发现那些家长，平日应该也很沉迷于小钢珠机台游戏或赛马。

孩子并非从家长的话语中，而是从家长的行为中学习。

看到家长每天都在看新闻的身影，孩子也会跟着看新闻。

看到家长阅读的身影，孩子也会跟着阅读。

看到家长为了工作而学习的身影，孩子也会跟着学习。

换言之，家长若心想"希望孩子能做到这个"，只要家长亲自实践即可。

◎ 比起言语劝说，以行动表态更有效果

每年，我都会参加升学补习班"东进 High School"的夏季合宿（译注：日本学校、企业或补习班等团体，为学习、训练或研习等目的，让员工或学子在外一同住宿数日、共同学习的活动）。在活动中，也深刻感受到这种道理。

夏季合宿活动为期五天，最后会对参与的孩子进行问卷调查。问卷上最常写的就是"看到老师或工作人员四处忙碌奔走的身影，我也变得冲劲十足了"。

补习班工作人员努力的样子，最让参与夏季合宿活动的孩子深受感动。比起合宿期间所学的内容、考试技巧或讲师们的话语，反而是成年人的行动，更能让他们在心中留下深刻印象。孩子还会因此涌现"好，我也要好好念书"的拼劲。

与其杂乱无章地劝说，不如让孩子们看到成年人努力的身影，这样见效比较快。

我们所举办的夏季合宿活动，就是不着痕迹地激发孩子的拼劲、引导孩子主动投入学习。

家长也应了解同样的道理。如果想要孩子乖乖学习，就必须让孩子看到自己努力工作的身影；又或者让孩子看到自己为考取证照，而用功学习的样子。

"用功学习是一件很棒的事情喔。"

"在社会中,用功学习是非常重要的喔。"

"爸爸、妈妈直到现在,也会拼命用功学习喔。"

家长这样的态度,则必须以行动,而非以话语表现出来。

"孩子是看着父母的背影长大的",这自古流传至今的名言,同样适用于现今家长的养儿育女经。

Chapter 5

顺利的"初中入学考试"、失败的"初中入学考试"

1. 是"小时了了"的孩子，还是"大器晚成"的孩子

◎ 学习能力养成的目标是，大学入学考试

阅读本书的众多读者之中，应该有人正在烦恼：到底该不该让孩子参加初中入学考试？我想在本章分享一下家长应该如何面对初中入学考试的态度。

在思考参加初中入学考试之前，有一件事情，希望大家稍微停下脚步来思考。

那就是，大家如何设定孩子"学习能力"的当前目标。

许多家长容易把这样的目标，想成是近在眼前的初中入学考试，但是，事实并非如此。我认为，"大学入学考试"才是当前目标。

也就是说，"学历""最高学历"，又或是"毕业于哪所大学"，才是几乎决定一切的关键。像是在企业招聘的面试中，可能会被问到："您曾就读于哪所大学呢？"却几乎不会被问到："您毕业于哪一所初中或高中呢？"

即使进入了被社会称为"贵族学校"的初、高中直升学校，并且顺

利毕业,不过非常遗憾的是,这一点,在许多情况下几乎不会被当作考量重点。

然而,在家长之中,却有许多人迷失了"大学"这个目标,而全心关注初中入学考试。

这种家长,在孩子准备初中入学考试时,劳心劳力地拼命支援。像是接送孩子补习,在家中指导孩子不懂的课业内容,心情随着模拟考结果大起大落,也会积极地参与志愿学校的学校说明会。

但是,等到初中入学考试一结束,孩子进入期望的学校就读后,就把孩子念书的责任完全交给学校,从此,几乎不再过问孩子的教育问题。特别是进入初、高中直升学校就读时,由于没有高中入学考试,这种态度会更加明显。

我认为,这简直就是本末倒置。

最终的目标,无论如何都是"大学入学考试"。我认为,应该从这个目标倒推回去,好好思考:小学时期该让孩子怎么学习?初中时期该让孩子怎么学习?高中时期该让孩子怎么学习?

◎ 孩子分成"小时了了"和"大器晚成"型

初中入学考试终究也只是中间点。如果把这个当成最后目标,就会害孩子面临不幸的后果。

原因在于,孩子各自都有不同的"加油时机"。有些孩子属于"小时了了",也有些孩子属于"大器晚成"。孩子不可能以相同的速度茁壮成长,成长的个别差异是很大的。

特别是从小学五年级到初中，正是明显出现成长个别差异的时期。即使是同学年的孩子，也可能出现2~3岁的精神年龄差异。

初中入学考试之所以那么困难，就是因为时间点和明显出现这种个别差异的时期，相互重叠。

若是"加油时机"是从小学五年级开始的孩子，初中入学考试，可说是提升孩子学习能力的大好机会。

另一方面，要是"加油时机"要等到初中之后才开始的孩子，初中入学考试就会成为相当沉重的负担。不论家长说什么"快念书""报考初中入学考试比较好"，孩子都很难提得起拼劲。

没办法，对这样的孩子来说，这时根本就还不是全力冲刺的时期。

尽管如此，若家长还是勉强押着孩子去补习，或是强迫孩子念书的话，孩子的心灵就会受创，并且会产生强烈的"讨厌念书"的情绪。这样的话，可能害孩子面临某些不幸后果。

◎ "加油时机"与身体的成长成正比

小学不太念书、成绩也不好的孩子，可能从初中快毕业时，才开始对念书开窍。

结果，一口气赶上先前落后的部分，从此大幅成长，并考入门槛很高的顶尖大学的例子，时有所闻。

这样的案例绝对不罕见。所以，请家长不要心急，应该仔细观察孩子的成长阶段，支持孩子。

之所以总是比较自家孩子与其他孩子，是因为觉得"我们家孩子就

Chapter 5　顺利的"初中入学考试"、失败的"初中入学考试"

是对念书提不起劲"而焦虑难安，进而勉强孩子，反而有可能搞砸孩子的人生。

辨别孩子加油时机的确认表

您的孩子是……　　　　　　　　　　　　　　是　不是

1. 关心新闻或时事？

2. 常阅读？

3. 对成年人阅读的书籍或漫画，展现出相当的兴趣？

4. 常谈及梦想？

5. 在朋友之间，是属于领导者类型？

6. 擅于以话语表达在学校所发生的大小事？

7. 不会把暑假作业留到最后一刻才做？

8. 能够确实地打理周遭环境？

9. 不会对某一事物只有十分钟热度，而能持之以恒？

10. 最近，整个人的状态逐渐趋于稳定？

合计

"是"有几个？

| 8~ 适合初中入学考试 | 5~7 必须多加观察 | 0~4 正为高中入学考试储备实力 |

我也要在此举出"身体的成长",作为辨别孩子"加油时机"的线索之一。

据说,当孩子一旦面临开始长高、声音开始出现变化,女孩子则是开始来潮等变化时期,情绪也会渐渐稳定,同时,也会开始对念书萌生兴趣。

这大概是因为身体逐渐长大成人,头脑也随之逐渐成长。我不了解医学层面的理论,但是在教导孩子的过程中,有深刻的感受。

我将在下面一一列举出判断是否已到"加油时机"的确认项目,敬请各位参考。

2. 要是在准备初中入学考试时就已身心俱疲，会发生什么事呢？

◎ 一旦在准备初中入学考试时身心俱疲，"英语"程度可能就会落居人后

对前文提到的这类"大器晚成"的孩子，如果勉强他们用功念书，准备初中入学考试，可能产生什么样的后果呢？孩子可能因此从骨子里就讨厌念书。

在孩子体验到主动学习的乐趣前，就强迫他们念一大堆的书，会让他们身心俱疲，完全不想念书了。在我执教鞭的升学补习班里，有时也会有这样的孩子来补习。即使能够进入期望的初中就读，孩子后续的发展也非常不乐观。

这种孩子在学习能力方面，会出现相当严重的问题。

那就是对于从初中正式展开的"英语"学习，完全跟不上进度。

像是"数学""国语""社会"或是"理科"等科目，凭借准备初中入学考试时用功念书的"遗产"，勉强还跟得上。但是，"英语"可

就无法比照办理了。小学准备升学考试时,没准备过这一科,就没有得以依赖的"遗产"。

像这种"英语完全不行"的情况,就会在考大学时,成为孩子的致命伤。因为,现在的大学升学考,可以说是"英语决定一切"。

日本没有任何大学入学考试是不考英语的,而且,有许多大学还将"英语"配分设得比较高(相对而言,我们也可以说只要"英语"科目考高分,即使其他科目较弱,也可以用"英语"来弥补)。

大家觉得怎么样呢?为了避免让孩子陷入身心俱疲的状态,家长对于初中入学考试,或许也必须保持某种程度的审慎态度吧。

◎ 该如何因应身心俱疲症候群?

很遗憾地,在阅读本书的众多读者中,或许有些人的孩子已经陷入身心俱疲、读书动力全无的状态了吧?就让我们来谈谈对应之道吧。

首要对策是,家长要让孩子暂时别再念书,让他们尽情去做自己想做的事情。借由这样的方式,让孩子的学习能量能够慢慢恢复。

例如,孩子参与社团活动,完全不念书,也别对孩子啰唆:"快去念书!"

当孩子埋首于本身兴趣时,也别任意阻止。

此时的孩子,正在努力恢复初中入学考试时被耗尽的学习能量。家长千万别去打断这样的重新启动过程。

不过,也有例外的状况,那就是"英语"。如前文所提,如果英语学不好,就会沦为大学入学考试的致命伤。

当然，此时正值恢复能量的时期，无须过于拼命。不过，还是要注意别落居人后。

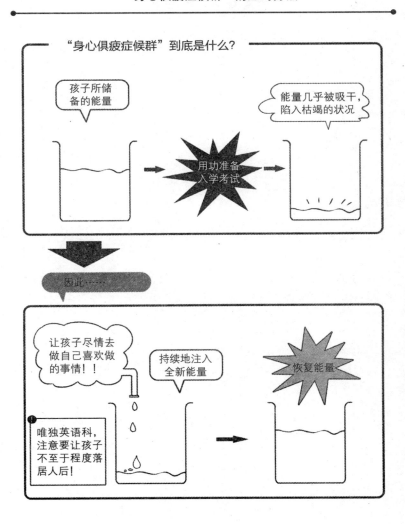

即使对其他科目的成绩,能够睁一只眼闭一只眼,唯独对于英语,必须以雪亮的双眼来密切关注。一旦发现孩子的英语程度出现落居人后的征兆,就要立刻采取和学校老师商量等措施,及早想出对策。

3. 保存"余力",选择入学后能够及格的学校

◎ 家长必须具备冷静地分析自己孩子实力的眼光

接下来,让我们来谈谈,决心报考初中时的对策。首先,从选择学校开始。

到底该让孩子去哪种水平的学校比较好呢?我想这大概是许多家长烦恼的课题。我体验感受到的是,大概以"入学后,成绩能在该校维持前段名次"的水平为目标。

在升学补习班中,有来自各个初、高中的孩子。而在同一班中,可能同时会有像以下两种情况的学生。

① 就读入学门槛高的顶尖初、高中,在该校的成绩属于后段的学生。

② 就读中等水平的初、高中,在该校成绩属于前段的学生。

那么,各位认为上述两种情况的学生,何者能够提升孩子的学习能力,并顺利考取大学呢?

我深刻感受到是第二种情况的学生。

以整体倾向看来，在中等水平的初、高中里，表现出亮眼成绩的孩子，日后顺利地考取大学的概率，远胜于顶尖初、高中里，落居人后的孩子。正如同那句俗谚所说"宁为鸡首、不为牛后"的情形。

所以，我认为家长在为孩子报考初中时，最好为他选择"能让本人保留实力，达到合格水平的学校"。

◎ 孩子的潜力就如同"地底资源"

身为家长，或许会有这样的欲望："希望我家的孩子，去念大概是这种水平的中学。"但是，此时必须冷静下来。

例如，当内心出现欲望，而想要"更多、更多"地过度想开采地底资源时，资源就会在短期内耗尽。像是鱼类等水产资源，一旦开始滥捕滥捞，就无法培育出下一代的鱼类，导致鱼类濒临绝种。我想，孩子未来的可能开发，也是相同的道理。要是在早期就想百分之百挖掘出孩子的可能潜力，反而让孩子的能量被开采殆尽。

即使在此之前，孩子正好处于"加油时机"，对念书也很有拼劲，不过一旦持续将孩子逼到能力极限，总有一天孩子会觉得难以承受，因为已超出他的能力范围。

在此情况下，虽然拼命逞强考进了初中，却很容易出现跟不上课业而丧失拼劲，学习能力无法如预期提升。

为了避免发生此等状况，也请让孩子保留余力，为其挑选入学后学习比较轻松的初中。我认为，这才是真正为孩子着想的做法。

Chapter 5 顺利的"初中入学考试"、失败的"初中入学考试"

◎ 选择学校时，不能忽视孩子的个性

"保留余力"，特别适用于个性好胜的孩子。

这种个性的孩子，因为不喜欢输给别人，只要能够名列前茅，情绪就会非常稳定。此外，也能因此怀抱自信，涌现"要更加油"的往上爬的拼劲。

我的一位熟识朋友的孩子，正是此例。

他在考初中时，没考上第一志愿，最后进入第三志愿学校就读。那所学校的水平，能让他游刃有余地念书，入学后，他的成绩稳定维持在前段。以结果而言，这种情况似乎也有助于他拥有自信。

这可说是在保留余力的情况下，进入学校后，顺利念书的好例子。

相反地，即使考进第一志愿，要是被周遭优秀的孩子击垮，或许就会心生"拼命念书也没用"的念头，反而会变得自暴自弃。

另一方面，也有好胜孩子的对照组，即悠哉型的孩子。这种孩子具有凡事不会太过勉强自己的倾向。

像这种个性的孩子，或许可以让他以稍微高于本人程度的学校为目标。在比自己稍微厉害一些的同学环绕之下，他比较能够受到那种氛围的牵引，容易提升学习能力。

4.请务必与孩子一同参观学校

◎ **选择学校时,请尊重孩子意愿**

选择初中之际,请别忘记亲子一同亲自造访属意的学校。

如此一来,不但能够得知学校气氛,就某种程度而言,也能了解这学校到底是不是适合孩子。

此外,还能看出这是孩子自己也觉得投缘的学校,又或是让人觉得"讨厌"、心生排斥的学校。这一切,也都能成为选择学校时的判断信息。

日本目前有许多初中会针对希望报考者举行说明会,当场也会发送介绍学校的DVD。据说,那些学校也常出借场地,提供补习班举行模拟考。个人非常推荐家长多多利用这样的机会,带孩子共同实际看看中意的学校。

报考初中的孩子,可能因为一些微小的细节,而对某所学校心怀憧憬。

例如若是女学生,可能是因为学校走廊的彩绘玻璃很美,或是制服很可爱等喜欢某所学校。

Chapter 5 顺利的"初中入学考试"、失败的"初中入学考试"

诸如此类的小细节，能让孩子对学校心生憧憬，进而成为用功念书的动力。

如果孩子能够萌生"希望好好用功，考进这所初中"的拼劲，无论何种理由，家长都会感到欣喜吧。

为了让孩子能有这样的机会，请慢慢增加和孩子一同接触中意学校的次数。

5. 想要顺利通过初中入学考试，如何做学习计划

◎ **从小学三、四年级起，开始慢慢播种**

准备考试就如同马拉松比赛，初中入学考试也一样。

起步时，要慢慢观察本身步调，赛程中段左右，要大概追到所有参赛者的正中间成绩，最后再一鼓作气，迎头赶上。这就是理想的初中入学考试学习计划表。

理想的起步时机，或许可以从小学三、四年级开始。

不过，这个时期还只是播种的阶段。让孩子确实掌握学校课业之余，还要进行第二章所介绍的经验教育。

借由亲子一同阅读、带孩子去科学馆，家人同游著名景点、古迹等，请为孩子播下大量的学习种子。

也有些家长从这阶段开始，就让孩子每天去补习等，鞭策孩子全力向前冲，孩子的身体却无法负荷，如此一来，必定在中途就会筋疲力尽了。

考试如同马拉松赛跑，这一时期，还只是暖身而已。

若孩子并不像期望的那样，迟迟未曾显露出学习的兴趣，也请别放

弃持续播种。继续浇水、施肥，静心等待发芽吧。

◎ 全力冲刺，要到六年级的夏天之后

升上小学五年级后，就以轻松的步调开始补习。

这里所谓的"轻松步调"正是重点。

首先，要让孩子像学钢琴、游泳或芭蕾等才艺的感觉去补习。

也有些情况是，孩子才进入补习班，随即就会被周遭气氛激发竞争意识，但是要注意，绝对不能被这样的步调牵着鼻子走。请让孩子以轻松、毫不勉强的感觉去补习，主要目的设定于让孩子习惯考题。

升上小学六年级之后，就要认真补习。

在补习班老师的指导之下，正式开始用功念书，准备入学考试。

紧接着在夏天之后，就要全力冲刺。

具体而言，在决定报考初中后，就以练习考试真题作为念书主轴。

小学生能够全力冲刺、认真加油的期间，基本而言，大约只有半年。我希望家长了解，小学生只能在约莫这样长短的期间内，集中精神念书。

当然，孩子不会乖乖根据这样的计划表行动，有些时候，也无法顺利有所进展。

即使出现这样的状况，家长也不要因为焦虑难安或过于心急，而逼迫孩子。记得保持"但愿一切顺利"的豁达胸怀。

6. 补习班也是能运用的手段

◎ **别勉强不想上补习班的孩子去补习**

正在思考孩子初中入学考试问题的众多家长,常常询问我的问题是:"该让孩子去哪种补习班才好呢?"

我们常倾向将"初中入学考试=去补习班"视为大前提。同时,也很容易将孩子的学习一股脑地全交给补习班来安排。

但是,像补习班或家教等服务,追根究底,也只是让家长这边能聪明利用的学习手段罢了。准备初中入学考试时,应尽可能以自家学习为主,另以补习班或家教等服务为部分辅助。

为什么我要特别强调以上这一点呢?这是因为确实有些孩子根本就不适合"紧黏着补习班"。尤其小学阶段的孩子,更是如此。对于这些孩子而言,去补习班只是一种痛苦折磨罢了。

举例而言,如果孩子出现以下的行动,那就是孩子"我本身根本就不想去补习班!"的明确信号。

☆家长要孩子去补习班时，孩子就会哭泣大闹。

☆本以为孩子乖乖地去补习了，却发现孩子是在逃课。

☆只要接近补习时间，孩子就一定会开始说什么"肚子好痛"之类的话。

当孩子出现上述反应时，就可以将之视为"孩子的'加油时机'还没到"。个人意见认为，在此情况下，与其让孩子报考初中，不如让孩子到高中升学考试时再努力。

◎ 如果选择不去补习的"应考念书"……

话虽如此，或许还是有家长会觉得："尽管如此，也想让孩子去念初、高中直升学校。"这种情况，我建议，家长就只有以自家学习为主轴的办法了。

这绝对不会是一条轻松的道路。因为，家长必须代替补习班的老师，为孩子拟订各科的念书计划。

为此，家长不但必须深入研究志愿校的考试真题，还必须比孩子更用功，以便回答孩子的问题。

此外，初中入学考试的"算术"或"理科"，也并非身为文科的家长有能力越俎代庖。此时，就必须采取像是请家教等方式，构建出让孩子得以认真念书的机制。

我在下文中试着整理出，在孩子不靠补习准备入学考试时，家长应该做的事项。

如果有心理准备，自认能够处理好这些事项的人，就能借由以下所介绍、以自家学习为主轴的念书方法，来挑战初中入学考试。

◎ 对在自家学习的学生，必胜教材是哪些？

以自家学习为核心准备初中入学考试时，该怎么做呢？

! 家长必须取代"补习班"的角色。

| 拟定学习计划表 | • 从正式应考的日期推算回来，拟定计划表。 |

| 选出应该学习的部分 | • 研究志愿校的考试真题。
• 掌握命题方向，让孩子集中研读考试会出现的部分。 |

| 确认孩子的学习进度 | • 观察孩子学习的进展，视情况，慢慢变更学习计划表。
• 当孩子学习的情况不如预期时，立刻调整计划。 |

| 为了能够回答问题，家长也要学习 | • 家长学习的时间必须比孩子多一倍。
• 自己无法教的时候，就请家教老师协助。 |

Chapter 5　顺利的"初中入学考试"、失败的"初中入学考试"

对于以在自家学习准备初中入学考试的孩子，我想推荐的念书方式，是利用"学习塾（补习班）——四谷大冢"所发行的教科书《预习系列丛书》。

"四谷大冢"是以报考初中的学生为对象的补习班，在东京或神奈川等首都圈都拥有校舍。这个补习班的课程，所采用的就是这套《预习系列丛书》。

一般民众也能买到这套丛书（参考："四谷大冢.COM" http://www.yotsuyaotsuka.com/kyozai/index.php/，2011年5月底为止通用的网址）。其中，包括小学四年级到六年级为止，"国语""算术""理科"以及"社会"等四科教材。

《预习系列丛书》的优点，在于初中入学考试所需的内容全都浓缩其中。准备考试时，或许可以不参考其他教材，只要反复研读这套丛书即可。

我以前曾研究过，该如何准备初中入学考试的"社会"科。

我本身的专业是英语科目，对我而言，社会科目是个未知的领域。我曾买入各式各样的教科书及参考书，加以研读并试着分析。结果发现，"不要这个也想念、那个也想念，只要好好研读基本教科书（在此情况就是《预习系列丛书》）"就非常足够了。

一旦决定"教材"后，就要数度研读，这样就能大为提升功力。这个道理，对任何科目或任何考试都一样。

◎ 该如何学习《预习系列丛书》呢？

那么就让我来解说，该如何利用《预习系列丛书》来学习。

大家可以备妥《预习系列丛书》的"国语""算术""理科"以及"社会"四科，范围为小学四至六年级（上）为止的书籍。

刚开始的起步，只要这样就足够了。《预习系列丛书》也出版了各种附属教材和题库集，不过，初步开始时还不需要涉入。

【步骤一】重复朗诵教科书

起初，要彻底朗读备妥的《预习系列丛书》。请重复朗读，直到能够默记所有内容。下面文章汇整了能够发挥效果的朗读，敬请参考。

【步骤二】练习《预习系列丛书》的题库集

直到能够默记《预习系列丛书》所有内容后，终于可以开始挑战根据《预习系列丛书》所编撰的题库集，逐一练习解题。

解题不能一次了事，而是要两次、三次、四次、五次……，如此重复地解题。

大概有人会这么想："解过一次的题目，就算重复练习，不会因为老早记住了答案，而难以提升效果吗？"但是，事实并非如此。

借由重复练习相同题目，就能逐渐将整个解答过程烙印于心。不仅能让脑袋了解，也能让身体记住。最终，就能培养出正式应考时应确切具备的答题能力。

像这种念书方式，必须持续到小学六年级的夏天。

有效果的朗读、没效果的朗读

○ 有效果	✕ 无效果
• 在眼前摆放毛绒玩具等，像是讲给它听似的朗读。	• 怀着"为了提升成绩"的心情而朗读。
• 将书写内容，一边在脑海中转化为画面，一边朗读。	• 不思考含义、埋头朗读。
• 每读完一句或一个段落就稍微休息，思考其内容是在写什么。	

◎ "考试真题"从六年级的秋季开始练习

当小学六年级的秋季来到时，须开始逐一练习以考虑报考的初中出题范围为主，过去曾出现的考题（考试真题）。理想情况是到正式应考之前，针对"国语""算术""理科"以及"社会"等所有科目，回溯约五年的考试真题，能从头到尾地确实做两遍解题练习。

【步骤一】从头到尾，完整解过考试真题

在练习考试真题时，也请确实计算时间的分配。此时不应零星地东做一部分、西做一部分，而是应该模拟入学考试时的相同状况，这才是理想状态。

【步骤二】计分后,彻底复习棘手部分

练习考试真题时,确认答案是非常重要的。请试着计分,确认"不会的题目"。

"不会的题目"可能是答错的题目,也可能是虽然答对,但解题过程中感到困惑的题目。这些题目对于做题者而言,就是棘手的部分。

念书时,必须彻底复习这些部分。请思考,"该怎么办,才能弄懂这些问题?"慢慢地将"不会"变"会"。

例如,如果"社会"科目中,答错或不懂江户时代(1603—1867,指日本由德川将军家统治的历史时代名称)的文化问题,就再回到《预习系列丛书》里的该部分,重复进行前述的彻底朗读,加以复习。

"考试真题"的学习重点

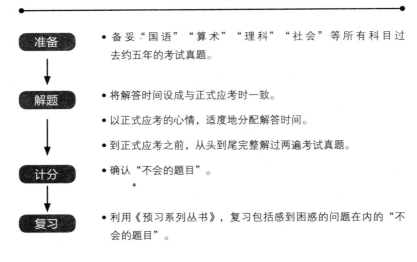

Chapter 5 顺利的"初中入学考试"、失败的"初中入学考试"

此外,"不会的题目"中,有些是只要稍微复习就好的。

就是指没有出现在《预习系列丛书》内容中的冷门问题。

这类问题对于准备入学考试本来就不重要,只要将其视为"参考"即可。

7. 进入公立初中就读，是提升学习能力的良机

◎ 根本没有"一进公立初中就完了"这回事！

私立的初、高中直升学校，目前，在日本相当受到欢迎。特别是在关东或关西的都市生活圈中，持"一旦进入公立初中，就别想念好大学。无论如何，都想让自己的孩子报考初中入学考试，让孩子进入私立的初、高中直升学校就读"观点的人，非常多。

但是，孩子也可能因为"加油时机"难以配合，而不报考初中，或是应考了，却考不好。在这种情况下，孩子就会进公立初中就读。

即使遇到这种情况，也无须悲观，公立初中也具有众多优势。

最后目标终究是大学的入学考试。若就读公立初中，只要尽力以适合这种环境的方式，来提升孩子的学习能力即可。最后结果，还是有众多学生历经公立初中、高中，成功考取门槛极高的、难考的优良大学的例子。

◎ 公立初中的最大优势在于有高中入学考试

私立的初、高中直升学校的课程，与公立初中升公立高中课程最大的差异在于，中途无须高中入学考试。

就读初、高中直升学校，无须报考高中。所以，若中途松懈懒散，完全不想念书，就必须以这样的状况，直接挑战大学入学考试。也往往因为不须面对高中入学考试，学生反而比较容易丧失步步为营的紧张感。

另一方面，若就读公立初中，入学三年后，必须面对高中入学考试，所以，拥有以此为目标拼命努力的机会。也有不少学生是借由准备高中入学考试的契机，反而让成绩节节升高。

在公立初中就读的念书重点，首先，就是必须好好吸收学校课程。公立初中的教科书与初、高中直升学校相较之下，程度的确比较低。但是，只要借由校内课程，便能巩固初中生阶段应该学习的基础知识。

其中，特别希望大家能够多投注心力的就是"英语"科目。

英语是不论初、高中直升学校或公立初中，从初中开始，就必须正式学习的科目。换言之，不论就读哪种类型的初中，所有学生几乎都站在同一个起跑点上。

只要能够及早在英语科上多加油，之后的高中入学考试或大学入学考试中，极有可能迎头赶上。

此外，就读公立初中时的英语学习法，将会在第六章第六节之后，加以详尽解说，请各位参考那个部分。

◎ **若以私立高中为目标，请将补习作为准备入学考的对策**

成绩若能在公立初中时期大幅提升，或许有些孩子就会开始考虑报考私立高中吧。

在此情况下，就现实层面而言，公立初中与私立高中的入学考试内容，有一部分并不具有共通关系。

以我的专业领域——英语而言，在私立高中入学考试中，有时会出现"假设句"或"分词构句"。这一些都是在公立初中完全不会学到的语法概念，所以，自我学习的内容也必须多于学校课程才行。

为了应对这种状况，就读公立初中的学生若考虑报考私立高中，如果能将补习视为准备入学考试的对策，也不失为一种好方法。

Chapter 6

从小学开始的"英语教育"

1. 该从什么时候开始学英语呢

◎ **可从升上初中后开始认真学习**

日本自2011年起,英语已成为小学阶段的必修科目。另外,也有许多家长,希望尽早让自己的孩子开始学英语。

在此情况下,有人曾问我:"英语该从什么时候开始学比较好呢?"

从个人长期专门教授英语的立场看来,我认为:"认真学习英语的时期,以初、高中时期为主。"

当然,我也推荐从幼儿园或小学起,就能接触英语,不过,此时就要孩子"认真"学习的话,言之过早。

据说人类要学会本身的母语,至少也需要10年。

也就是说,小学大部分的时间,正是孩子努力学会母语的时期。

在这种时候,没必要贪心地想让孩子同时学习外语——英语。此举,或许还会对于更重要的母语学习,造成无谓干扰。

我非常赞成在幼儿园或小学也教授英语。只是,我认为此时期,不能一心一意地只想着要让孩子学英语。我的主张是,心态上,就是将学习英语当成是一种游戏，让孩子稍微接触即可。

开始认真学习英语的时间，是即将升上初中之前，确实奠定好母语的基础之后，再认真投入英语学习即可。

只要能在初中一年级到高中三年级这段时间，"每天不间断地"念英语，就能具备某种程度的英语口语能力。

而且，如果在升上大学、进入社会之后，也持续地学习英语，就能够流利地以英语沟通。

2. 只有拥有日语（母语）的稳固基础，才能培养英语能力

◎ "会说英语"，大概是何种程度呢？

我虽然认为让孩子及早接触英语是很好的事情，但是，如果家长从幼儿园或小学开始，就严厉地鞭策孩子念英语，很难顺利地获得成效。

假设家长决定从幼儿园时，就让孩子去英语会话教室补习，几个月之后，看到孩子开始用英语和外籍英语讲师对话时，或许就会觉得："我们家的孩子会说英语了。"

但是，那只是错觉，并不代表孩子会说英语。所谓"会说英语"，是指能以英语进行投接球般、"你来我往"的对话能力。

例如，你到美国旅行时，有个坐在身边的外籍中年妇女出言攀谈。

"你是从哪里来的呢？"

"从日本来的。"

"你叫什么名字？"

"我的名字叫太郎。"

您认为这种程度的对话,能够持续下去吗?

老实说,这种程度的对话,并不能列入"会说英语"的范围中。"会说英语"的程度,要像下述程度。

"东京曾在1964年举办过奥运吧?其实,我的哥哥当时也曾以选手身份出赛呢。"

"他当时是什么项目的选手呢?"

"田径喔。他那时候还拍了'新干线'的照片回来。那时候还觉得,这电车的形状真有趣呢。"

"对了,新干线就是在东京奥运举办的那一年通车的耶。"

像这样能持续地展开不同的话题,才称得上是"会说英语"。

◎ **拥有母语的基础,才能顺利地理解外语**

为了达到这种程度,首先,无论如何都必须先锻炼"母语"能力。

要以母语阅读大量书籍,和众多人士交谈,汲取大量经验。就这样慢慢地确实打下母语基础。不这么做的话,就无法培养外语能力。

理由很简单。

因为人类的语言能力,首先必须要有母语基础,在其之后所习得的语言,都是在那种基础上,逐渐一层层地叠上去。

母语基础若不稳固,第二语言就无法叠上去。若不扩充母语基础,叠在其上的第二语言的质与量,都会受到限制。

相反地,若能稳固构筑母语基础,基础越好,越能逐渐培养高超的英语能力。

◎ 大学入学考试的"英语",能以"日语"弥补

这个道理,只要身处大学入学考试的指导第一线,就能充分了解。

只要选出一些公立大学第二次独立招考或顶尖私立大学入学考的"英语长篇阅读考题"让学生练习,就会听到学生的反应:"每个单词都会,句子结构也大概能够理解,不过,就是看不太懂整体内容。"

其原因就在于,母语——日语的理解能力不足。

由于无法掌握"逆接"或"顺接"等连接逻辑,或是不懂"比喻"的使用方法,所以,即使懂英语单词、语法,也还是无法理解内容。

其结果是,许多学生参与大学入学考试时,英语科目在"日本大学入学考试中心"(National Center Test for University Admissions)的全国联招中能拿得到分数,在第二次大学独立招考或私立大学入学考试中,却拿不到分数。

全国联招中所要求的是英语基本能力。而第二次独立招考或私立大学入学考试所要求的,是掌握学术论文、短篇论文或评论文章等之类的逻辑理解能力。

这不仅考验学生懂不懂英语单词及语法,同时也测试这个人是否拥有常识、丰富知识、思考能力以及逻辑能力。换言之,这种考试其实是

要考出是否具备母语基础。

换个角度来看，就可以说如果确实具备母语能力，即使多少会有不懂的英语单词、语法，也能大致理解文章内容。

◎ 国际社会所需求的日本人，是什么样的人呢？

此外，我认为在孩提时代确实学好日文，对于培养能够在国际社会中畅行无阻的孩子，也是非常重要的。

我们是通过"语言"，才能吸收本国的"文化"或"传统"。即使能说得一口和以英语为母语的人士并驾齐驱的英语，却完全不了解本身所属的文化、历史或社会，反而不会被国际社会所接受吧？

清楚拥有身为本国人的自我认同感，确实具备基于母语的逻辑思考能力，同时还能以英语流利沟通，今后，这样的人才能被国际社会所认同接受。

下一个章节，我将具体地介绍对应不同年龄的不同的英语学习方式。

3. 到小学四年级之前，让孩子以玩游戏的感觉接触英语

◎ **小时候的学习，国语九成、英语一成即可**

我认为可以从即将升上初中，再开始认真学习英语。

在此之前的阶段，也就是从幼儿期到小学生这段时间，没有必要全力投入英语学习。

以比例而言，"国语九成、英语一成"，或许是合适的比例。而那所谓的一成，大概仅止于利用空闲时间，边玩，边接触英语。

具体而言，有以下的方法。

☆送孩子到能够快乐嬉戏的英语教室学习。
☆与孩子一起观赏孩童专用的英语DVD。
☆与孩子一同唱简单的英文歌。

就以这种感觉，借由嬉戏，让孩子熟悉英语。

或许也可以让孩子参加英语会话教室。这样就可以与年纪相仿的孩子，一边快乐嬉戏、一边学习。只要孩子能够觉得"英语真好玩"，就已足够了。

此阶段的重点在于，别让英语学习的比重超越母语，也就是"国语"学习。否则，就可能导致为英语奠基的母语基础，逐渐变得脆弱。

4. 让孩子从小学五六年级起，慢慢地了解"动词使用方法"或"发音"

◎ 焦点也转移至"写""读"

升上小学五年级后，便开始一点一滴地，逐渐展开英语学习。

在此之前的"英语游戏"，大概都是以"听""说"为主。从此阶段开始，也可将焦点转向"写""读"。

这时候要让孩子运用"双眼""耳朵""嘴巴"以及"双手"，均衡地学习语言的四项基本技能——"听""说""读"以及"写"。

若能从此时缓步展开学习，当孩子升上初中之后，也能拥有"我的英语还满拿手"的自信。

只要孩子拥有自信，对于从初中开始，正式投入学习的英语，也会萌生拼劲。

具体而言，应该怎么学习才好呢？以下有四点，提供参考。

① 学习字母或罗马字。

② 学习"自然发音法"。

③ 学会 be 动词以及简单的一般动词的用法。

④ 记住 200~500 个基本单词。

以下,让我们具体地来看看这四点。

① 学习字母或罗马字。

日本的孩子,在升上小学五至六年级后,就会在学校的"国语"课中,学习到罗马字〔平文式罗马字(译注:牧师詹姆斯·柯蒂斯·赫本针对日语发音,所设计出的罗马字母标注方式)〕。

此时,请在家庭中帮助孩子熟悉罗马字的阅读书写。

日本有许多招牌也都是以罗马字书写的。开车兜风或散步时,也能边看边学。

可以在走路时一边问孩子:"会念那个招牌的字吗?"一边像是猜谜似的快乐进行。其目的是帮助孩子熟悉"a、b、c、d"等字母。

不过,"罗马字读法,终究也只是日语读法",这又和英语读法不同。像"apple"或"tree"等单词,几乎所有情况都难以罗马字的读法,一体适用。

所以,请要有"罗马字,毕竟只是让孩子熟悉字母的方法"的概念。在发音方面,请让孩子学习以下列举的"自然发音法"。

② 学习"自然发音法"。

所谓"自然发音法",就是把英语的"字母组合"与"发音"之间的对应关系化成规则。

也就是显示如"a""-ch""-ear"等"字母组合",各自应该如何"发音"。英语系国家的幼童学习发音时,同样也是运用此法。

希望能在升初中前先记住的发音规则

(利用"自然发音法")

字母组合	发音	单词范例	
a	[æ] [ei]	can [kæn] game [geim]	(果汁罐) (游戏)
i	[i] [ai]	kid [kid] lion [laiən]	(孩子) (狮子)
u	[ʌ]	fun [fʌn]	(开心)
e	[e]	leg [leg]	(腿)
o	[ɔ] [əu]	hot [hɔt] stove [stəuv]	(热) (暖炉)
y	[i]	city [siti]	(城市)
x	[ks]	box [bɔks]	(箱子)
th	[θ] [ð] 念上述两音时,舌尖都必须伸出上下排齿间	thank [θæŋk] this [ðis]	(谢谢) (这)
-ir/-ur/-ear/-or/-er	念成 [ə:r] [ər]。舌头在口中不接触到任何部位,发出不含"啊"或"呜"的声音。	girl [gə:rl] earth [ə:rθ] mother [mʌðə:r]	(女孩) (地球) (母亲)
-ar	[a:r] (长音"啊")	park [pa:rk]	(公园)
-sh	[ʃ] 一边从齿间发出强烈气息一边发音。	shop [ʃɔp]	(店铺)

利用标注日语发音的罗马字,来推测英语读音虽然很方便,但是,如果想以罗马字勉强去念英语单词,就难以拥有正确的发音了。

像这种英语与罗马字的差异,正是日籍英语学习者的困扰之一。

因此,必须借助"自然发音法"之力,来精通英语发音。

坊间贩售着许多有助于学习"自然发音法"的练习产品,请务必购买类似产品,与孩子一同试着学习。

此外,也有学习"自然发音法"的DVD,可以尽量运用此类产品。

不过,"自然发音法"也有其局限。英语单词的发音,并非百分之百能够完全对应各字母。所以在孩子升上初中后,不妨在"自然发音法"之外,同时记住运用范围更为广泛的"音标符号",以借此确认发音。

③ 学会 be 动词,以及简单的一般动词用法。

学会"be 动词",以及一般动词"like"或"play"等简单单词的基本用法。

例如,慢慢学会疑问句以及否定句的用法、用"Yes"或"No"的回答方法,还有"三单现"(第三人称、单数、现在时)的"s"等。

请试着使用小学生用的英语问题题库,与孩子一同学习。

在此冒昧介绍本人所编撰的教材。《小学英语超级练习1~3》(J-RESEARCH出版),希望在升上初中前,就能让孩子事先掌握动词及其用法。如果可以的话,请大家尝试运用。

④ 记住200~500个英语基本名词。

要学习基本名词,数目200至500个即可。这种数量不仅不会给孩子造成压力,也不会对提升母语能力造成阻碍。

单词方面,再次冒昧介绍拙著,大家或可利用《小学英语超级练习单字练习册1~3》。三册合计大约可记下630个名词。

此外,对于小学时期的英语学习,我希望大家务必尝试"看招牌、学英语"这个方法。

日本有许多招牌都是用英文标示。当亲子一同散步或开车兜风时,可以在进行"那个怎么念"的轻松对话中,教导孩子英文单词。

我特别推荐的是,东京迪士尼乐园的招牌。

迪士尼乐园中所采用的都是正确的英文。加以背诵记忆,并不会吃亏。当孩子央求说"我想去迪士尼乐园"时,请将其视为"学英语的好机会",务必要带孩子去。

此时的重点就是,可用照相机大量拍下迪士尼乐园中的招牌或标示。

回到家后,边看照片,边教导孩子发音与字义(当然,家长必须为此先做些功课准备)。

只要是和迪士尼有关的事物,想必孩子应该都会欣然学习。结果,还可能因此轻松愉快地记下约100个单词。以上介绍的迪士尼乐园英语单词习得法,请大家务必尝试。

5. 利用升初中前的春假，正式认真展开英语学习

◎ 此时期的起跑冲刺，决定初中的英语成绩

大概从小学五年级起，孩子已经一点一滴地慢慢展开英语学习，不过，小学毕业后，就要全力起跑冲刺。此时，要利用孩子升上初中前的春假期间，开始认真学习。

若能在此时起跑冲刺，之后的英语学习就能轻松地获得进展。

这是因为，若能在此时事先加油，孩子就会处于比起其他同学英文更好一点的状态。

这样的优越感，对孩子来说，非常重要。"我的英文比大家好"的心情，会成为孩子念英文的动力，从而自发性地去念书。

换言之，此时期的起跑冲刺，将成为避免孩子升上初中后在"英语"科目上栽跟头的关键。

那么，这个时期该做什么呢？此时，应该确实执行前述的"③ 学会 be 动词以及简单的一般动词的用法"，以及"④ 记住 200~500 个基本名词"。请让孩子以脑袋早已扎实地灌输上述内容的状态，展开初中

的英文课程。

总而言之,从一开始就让孩子处于"我的英文比别人好"的状态,是非常重要的。

6. 进入公立初中就读时的英文学习法

◎ 公立初中与初、高中直升学校的英语教育大不相同

我主张英语应该从升上初中后，再正式认真学习，但是在此，希望各位家长清楚了解一个现况。

那就是，公立初中与初、高中直升学校的英语教育大不相同。

要让自己的孩子去念公立初中，或是去念初、高中直升学校都可以。只不过，我希望不论是进哪一种学校，家长都能为孩子营造出适合不同教育体制的支援环境。

首先，让我们先来看看公立初中的英语教育。

多数公立初中每周会有三次英语课，一次大约50分钟，一星期就是2小时又30分钟。

在初、高中直升学校中，周六也要上课，也有些学校几乎是每天都要学英文。相较之下，以现况而言，公立初中的英语课程时间相对很少，初中三年在校所学的英文绝对数量也比较少。

此外，公立初中课程所使用的教科书，也与初、高中直升学校不同。

公立初中使用英语的检定教科书，以最近倾向而言，那些教科书的着力点是放在"英语的自然习得"，英语的语法说明也变少了。

我认为，这部分或许有待商榷。因为，对于外语学习者而言，语法是能在最短时间内学会语言的最强工具。

所谓语法，是汇整语言"规则"的理论。如果是母语，大概要花10年时间，自然而然地，慢慢学会那些"规则"，但是，学英语可不能比照办理。我们在日常生活中都用不到英语，要是想要自然而然地学习，那可真是穷其一生都难以学会。

正因为如此，借由语法迅速而简明扼要地加以学习，才是聪明做法。但是，从公立初中所使用的教科书中，却难以充分学习到关键的"语法"。

◎ 借由"朗读"与"跟读"，百分之百吸收教科书内容

话虽如此，家长无须悲观。公立初中的教科书，根据不同的使用方法，也能发挥极大效益。

为了充分利用，就要百分之百彻底吸收教科书内容。所谓的"吸收"，就是要在家中重复朗读教科书内容，将书中所刊载的单词和词组完全默记下来。

像这样，即使课程时间短、教科书分量也少，相对地，借由在自家朗读学习，弥补不足，反而能将英语牢记。

不仅如此，还要进一步确实研读语法。

由于光靠教科书的语法学习并不充足，请让孩子另行添购语法相关参考书或题库，鼓励孩子自行持续地大量学习。像这样确实培养语法能

力，正是避免在初中时期的英语科目上栽跟头的秘诀。

请确实执行上述事项，并以在校英语成绩始终维持在 90 分以上为目标。

◎ 借由教科书附属 CD，精确掌握发音

除此之外，也请精确掌握发音。

要能够准确发出教科书所刊载的所有单词与词组的读音。

为此，首先请数度聆听教科书的附属 CD。接着，一边聆听 CD，同时模仿跟读。

也请学会辨识音标，学会怎么看着音标念出英语单词。

音标是非常重要的。若学校不教，就请另外购买教材自学。我推荐的相关书籍是《让英语发音变好的书》（巽一朗，中经出版）。这套教材很棒，除了 CD 还附 DVD，让学习者不仅能听，还能看着学习。

此外，若考虑到日后的高中入学考试或大学入学考试，光靠学校的课程或教科书，学习量将会不足。因为，由此所学习到的"单词、词组"或"语法知识"绝对太少。

因此，应在学校课程之外，另外去补习，或用自己买参考书自修等方式，逐渐弥补其中的不足。

7. 进入初、高中直升学校就读时的英文学习法

◎ 《Progress 21》是质与量都达最高水平的教科书

那么，初、高中直升学校的英语教育，又是怎么一回事呢？

其特色之一，就是会使用为初、高中直升学校所设计的非检定教科书。

代表书籍是，名为《Progress 21》（EDEC 出版）的教科书。这是曾任教于神户市初、高中的英语教师——罗伯特·菲林（Robert M. Flynn）所编撰的著名教科书，被多数私立初、高中直升学校所采用。

《Progress 21》不论从质或量来看，都是水平最高的教科书。

在量的方面，《Progress 21》涉及的单词、词组、文章分量，大概有公立初中所使用的检定教科书的数倍之多吧。书中的语法解说也相当翔实。

在质的方面，本教材是根据"口语教学法"（Oral Approach），加以精心改良，并汇整出的适合日本人学习的内容。

"口语教学法",是一种能以极高效率,学会运用英语的方法。我本身也是利用此法学会英语的。我认为,这是日本人精通英语的最佳方法。

此法讲求彻底地反复练习英文关键句型,同时进一步套用其他词汇,彻底地反复练习。学习者最后就能迅速以形形色色的各种变化,说出一种英语句型,而且,借由扩充上述的英语句型,逐渐学会如何运用英语。

◎ 全力投入《Progress 21》的学习

只要能在初中时期,利用《Progress 21》充分研读英文,就能巩固大学入学考试的基础。同时也可能在初中毕业时,就具备通过全国联招八成以上的实力、英检二级及格的实力。不过,前提必须是能够完全消化教材内容。

所以,若孩子进入采用《Progress 21》的初、高中直升学校就读,就要全力投入本教材的研读。请家长此时别三心二意、什么教材都想念,总之一句话,请把焦点锁定于《Progress 21》。

利用《Progress 21》的念书方法,和利用检定教科书的念书方法相同。请重复朗读教科书词组,将内容牢记,直到能够做到完全默记的程度。

《Progress 21》也有称为"SD存储卡音频播放器"的专用听力练习工具。

其中,收录配合教科书的大量英语发音。请重复聆听这些英语发音。此外,也请看着教科书一边跟读,彻底模仿母语者的发音,培养自然发音能力。

此外，也有搭配《Progress 21》的练习手册。若行有余力，不妨利用这些教材来学习。

只是，如果使用《Progress 21》，教、学双方都须具备一定的实力。总之，此教材的重要性不容小觑，稍有不慎，就会完全跟不上进度。就这层意义来看，也算是一种"恶名昭彰"的教材。

为了避免孩子在中途发生成绩落后的状况，请家长持续关注孩子的英语学习。

如果出现光查单词就已经手忙脚乱等状况，就是危险信号。若遇到这种情况，请让孩子参加教授《Progress 21》的补习班，或是在自家督促孩子用功复习。

◎ 《NEW TREASURE ENGLISH SERIES》的运用方法是什么？

初、高中直升学校经常采用的非检定教科书，还有《NEW TREASURE ENGLISH SERIES》（Z-KAI 出版）。

这套教科书以难易度而言，居于《Progress 21》和"检定教科书"中间，不过分量十足，语法解说也很详细。利用《NEW TREASURE ENGLISH SERIES》的念书方法，和利用检定教科书的情况相同。此外，请和《Progress 21》一样，不要去碰其他教材，让孩子集中火力全心研读此教科书。也请利用附属CD，彻底执行朗读或跟读。

初中三年，只要孩子在这段时间内认真念书，就能培养出足以为大学入学考试奠基的、充分的英语能力。

Chapter 7

从小学高年级起,教导孩子"社会运作机制"

1. 避免孩子因"学校"与"社会"的落差而受苦

◎ 走向社会后,感到痛苦的年轻人

近几年来,日本被称为"尼特族"(译注:原文为 Not in Education, Employment or Training,NEET,意指走向社会后不升学、不就业或不受训的年轻族群)的年轻人,引发各种议论。

日本为什么会产生这种社会现象呢?

原因之一,难道不是成年人对于孩子,过度隐瞒"资本主义社会的现实"吗?

身为补习班讲师,我在与各式各样的孩子交谈的过程中,总能强烈感受这一点。

我的学生之中,大多在浑然不知资本主义社会现实的情况下,长大成为一名社会人士。紧接着,便因自己所期待的社会与实际社会的落差,而大受打击、痛苦万分。

自校园毕业后,他们就被扔进一个激烈的竞争社会中。

简单来说,那就是一个"努力的人,获得报偿;不努力的人,没有

报偿"的社会。工作能力越高，收入就越高，相应地，要是工作表现不好，就有可能遭到裁员。

如果是公司自己倒闭，不是需要找下一个公司，就是需要自己创业。为再度就业而参加面试时，还会被严厉质问本身能力何在。如果不是一路努力上来的人，就不会获得录用；如果不是认真打拼的人，就不会受到赏识，这些都是社会的现实。

◎ 教导孩子"资本主义"的现实也很重要

想在这种环境生存下去的最大武器，就是养成"念书习惯"或"打拼习惯"。

但是，日本最近的孩子一方面受到"轻松教育"（译注：日本自2002年起，全面且正式于小学、初中、高中实施的每周休二日、课程内容缩减的教育政策，主旨在减轻学子负担。不过，该政策自实施以来据说因导致"学子学习能力下降"而饱受批判，已于2011年废止）影响，不太有机会与周遭旁人竞争。另一方面，也由于成年人未善尽教导之责，使得孩子连社会此等运作情况都不了解。

最后，孩子连了解"念书习惯"或"打拼习惯"有多重要的机会都没有，就必须长大成人、迈入社会。

正因为如此，我才会认为父母最好从孩子升上小学五、六年级之后，就开始慢慢告诉孩子："这世界就是像这样运转的喔。"

此时，切忌用"现在不好好念书，长大就得吃苦头啰"的说法。基本上，孩子并不会听从此类说教的话语。

不要采用无谓的说法，而是利用家长本身的经验谈，或是周遭旁人的经历等，混杂一些成功案例与失败案例，告诉孩子这样的道理。例如，就像这样：

"爸爸我以前可能也有点危险吧。因为刚考进大学的时候，就开始有点会跷课了嘛。可是，我很幸运，中途就发现这样不对，然后开始用功。要是那时候就那样持续下去的话，大概也没办法做现在这样的工作了。唉，你是没问题啦。可是，爸爸我以前还真有点危险啊。"

诀窍就是如此，别直接对孩子说出真正想讲的事情，而是以间接的方式说出来。

借此，从孩子小时候，就慢慢地为其注射"资本主义社会"的预防针。

如此一来，孩子应该就更能顺利适应现实社会。此外，这也能成为孩子寻找自己未来梦想时的线索。

2. 和孩子谈自己的工作

◎ 让孩子从小体验各种不同职业

如前所述，为了帮助自己的孩子在离开校园后，能够顺利适应资本主义社会，应该从小慢慢教导孩子"这个社会是以什么样的机制运作"。

就此而言，经验教育果然还是非常有用的。

☆到牧场，让孩子体验挤牛奶。

☆到电车博物馆，让孩子体验驾驶电车。

☆到航空科学博物馆，让孩子体验机长的工作。

☆参与区域活动，让孩子体验自己做糖吃。

就像这样，尽量让孩子参与和职业相关的体验活动。

谈到能够提供这种机会的设施，我推荐"KidZania"（http://www.kidzania.jp/）。这是个能够体验各种职业的主题公园，在东京和兵库县甲子园各有一座。

若用嘴巴说明这世界上有什么样的职业,孩子或许也是似懂非懂吧。借由亲眼所见,亲身体验,就能了解各种职业到底是怎么一回事了。

靠着逐渐累积这样的体验,孩子也能逐渐了解世界运作的机制。

◎ 告诉孩子,如何维持一家的生计

此外,也请尽量和孩子谈谈家长本身的工作。

要告诉孩子,爸妈每天是在做什么样的工作,爸妈又是怎么赚到薪水的。例如,如果你从事的是营业工作,大概可以以这样的方式来说明:"为了让客户买商品,要像这样签约。我让你看看契约,只要卖掉一个商品,爸爸的公司就能赚××日元。"

我认为,说明时也可画出金钱如何流入自己的公司或自己本身的"示意图"。

此外,也请别忘记告诉孩子,需要多努力,才能争取到该份契约。

不可思议的是,孩子对于金钱或工作的话题,总会兴味盎然地竖耳聆听。

谈到薪水的话题时,也请顺便教导孩子如何维持家计。

像是以下这样的说法:"我们家大概要花这么多生活费,还要缴大概这么多税金喔。你的零用钱就是这其中的××日元喔。"

听完这番谈话后,孩子拿到零用钱时,也会更加珍惜。

◎ 可能的话,带孩子到自己的办公室走走

还有,可能的话,或许也可以带孩子到自己的办公室走走。当然,

我也了解有些情况下做得到，有些情况下做不到。

只要带孩子到自己工作的场所，让他们看看自己工作的样子，孩子对于"工作"的印象，就很容易跟着强化。

如果无法带孩子到工作的地方去，还有一个方法是，看到和本身相同职种的专业人士在新闻或戏剧中现身时，就立刻告诉孩子："爸爸的公司就是像这种感觉"，或是"这有点不一样耶。实际上是……"

孩子的想象力是非常丰富的，所以，他们应该也能自己将眼前出现的人物脸庞，换成自己的父母，感到"就是这样的感觉啊"，进而强化心中的印象。

3. 对孩子想要的东西，不要立刻买给他（她）

◎ 对"孩子想要的东西"，要保留一至两星期的"忍耐期"

对孩子，不能什么都立刻买给他们。

当然，对于买东西，对孩子过度节制也不好。这反而会造成孩子物欲饥渴、变得非常吝啬。但是，过度给予也会造成问题。

这是因为所有一切都能轻而易举地得来，慢慢地，孩子也就不想劳心费神了。

例如，若孩子玩办家家酒少了"蔬菜"，可以用纸折出茄子或红萝卜来代替。缺乏物质的时候，就可以培养孩子诸如此类学会劳心费神、自力更生的精神品质。

因此，我认为可以采取当孩子说"想要"，先让孩子等一至两星期的办法。

即使孩子想要，也不能立刻买给他们。家长要留下让孩子尽量忍耐的时间。

只要让他们等上一至两星期,只要不是非常想买的东西,孩子多半会忘记。尽管孩子之前是多么恳切地表达"想要、想要",也是一样。

过了一到两星期就忘记的东西,即使真的买给孩子,他们也会很快就厌倦。孩子就是这样,只要看到,不论什么东西都会想要。一到两星期后就会忘记的东西,真的就是属于此类。

孩子真正想要的东西,即使过了一到两星期还是会说"想要"。这时候,再买给他们。因为这是孩子真正想要的东西,他们自然也会珍惜。

为了弄清楚孩子是否真正想要,必须保留一至两星期的时间。

4. 在家里确实讨论金钱问题

◎ **亲子时间尽量谈论金钱问题**

有不少人会说:"切忌在孩子面前讨论金钱话题。"但是,我却持反对意见。事实上,有不少人都是在不了解如何理财的情况下长大成人,后来却在金钱问题上栽跟头。

有不少人都是因滥用信用卡、接二连三购买超出本身收入范围的物品,利用个人消费信贷等管道,动辄借款,结果沦为多重债务者。

为了养育出能够聪明理财的孩子,请勿忌讳从孩子小时候开始,在家里与之谈论金钱话题。

我认为,可以先从"贵、便宜"这种概念开始,像是"圣诞礼物最贵只能买××日元的哦",在家里可畅谈金钱话题。

◎ **通过游戏,教导孩子资本主义的机制**

此外,不仅止于谈论金钱话题,也请确实执行"金钱教育"。

我推荐的"金钱教育"方法之一,是"家中资本主义"的实践。

我尝试使用了困难词汇，但是，做起来非常简单。也就是让孩子在家中体验，像是"帮忙多少，决定零用钱的多寡"等，所谓"只要努力就有钱拿"的资本主义机制。

例如，全家外出旅行时，不要轻易地买东西给孩子。搭乘车辆或电车中途，可以进行"只要能念出一个写在招牌上的汉字或英语单词，就给一元，并且可以在旅程中，把这些钱当作零用钱使用"的游戏。

此时，把"计数器"交给孩子，要他们念出招牌上的汉字时，就咔嚓咔嚓地按下计数器，最后所显示的数字就是零用钱金额。

搭乘交通工具或走在路上时，招牌会接二连三地出现。孩子在这过程中，就能接二连三地念出汉字，计数器的数字也会随之持续增加。等到抵达目的地，孩子应该就能赚到数百日元的零用钱了。

说起来，这算是自己赚到的钱。比起什么都没做就能获得的金钱，孩子或许更能珍惜以对。

◎ 教导孩子使用零用钱的基本方法

此外，家长也不宜对孩子每月应如何使用零用钱的方法，放任不管。

例如，我推荐的方法是将零用钱的用途分成三大类。具体而言，如下所述三项。

① 娱乐。

② 储蓄。

③ 购买对自己有用的物品。

请试着针对如何分配此三种用途的比例，与孩子充分地讨论，多下功夫。

即使多数家庭有教导孩子"娱乐"和"储蓄"这两项的金钱使用法，但可能并未教导他们针对"对自己有用事物"如何使用金钱。

为了能在日后生活富足，所谓"投资自我教育"的观念，是非常重要的。

为此，即使理由稍显牵强也无妨，让孩子养成为书籍、与课业相关的电玩或DVD等"对自己有用的物品"花钱的习惯。

一旦出了社会，只要是用功进修，工作上实际成绩就会逐渐提升，收入也会逐渐随之增加。所谓"用功念书"，说起来算是对将来的投资。

从小就慢慢教导孩子这样的观念，是非常重要的。而且，只要在长大成人后持续拥有这种习惯，即使家长不在身旁，孩子应该也能过着不为经济所苦的独立生活。

相反地，如果孩子无法确实养成良好观念，长大成人后，甚至可能陷入对于金钱收支草率以对，不论到几岁都是借贷度日的"月光族"。

事实上，我们从新闻报道中就常听说众多案例，主人公空有高学历或拥有卓越学习能力及才能，却因金钱问题而一败涂地。

为了帮助孩子未来能在社会中坚强、幸福地生活下去，"金钱教育"也和"培养学习能力"同样重要。

为了孩子的未来着想，请家长成为孩子的强力后盾，确实从旁支援。

结 语

所谓"热衷教育",这个词也常被使用于负面含义。但是,家长热衷于孩子的教育本来就是天经地义的;相反地,家长"不热衷"于孩子的教育,才是放弃身为家长的责任。

若期盼孩子能够幸福,家长"热衷教育"不仅是理所当然,也是很棒的一件事。

我认为这个词之所以会被当作负面含义使用,大多是因为家长将"强势主导"的急切心态,直接投射于孩子身上,往往导致亲子关系逐渐扭曲。

此外,白热化的考试竞争,也常让孩子卷入家长的虚荣竞争之中,对孩子身而为"人"的健全成长,反而造成阻碍。

正因为如此,本书才会强调"不着痕迹"或"若无其事"地教育。

孩子绝对不属于对家长言听计从的生物。但是,通过采取出其不意的"不着痕迹地教育"的战略,为孩子创造良善的成长环境,以及正确的人生道路,就能大致掌握孩子前进的方向。

家长所准备的五项作战计划中,有四项或许无法立竿见影。

即使如此,也请坚韧不拔地持续守候到花朵绽放的那一天,持续灌溉浇水。或许过了几年,就能等到发芽开花。

当我还是初中生时,即使我看都不看,我父亲还是订购名为《每日周刊》(每日新闻社)的英语报纸,然后,总是随手放在餐桌上。我当时完全视若无睹,只管埋头看我的漫画。父亲眼见此情此景,想必也是心急如焚。

但是,父亲从未直接对我说什么"去念书"或"去念英语"的话。不论我的成绩多么糟糕,也从未遭受父亲的斥责。

但是,直到如今,30年过去了,我已成为一名英语专家,甚至拥有每周在那份《每日周刊》上连载的专栏。

我的父亲已经辞世,不过,父亲当时所播下的种子,确实在30年后,如他所愿地开花结果了。

孩子或许要等到多年以后,才会回过头来感谢父母对教育的热忱。到那时候,也不知道自己是否还在人世。

然而,各位家长为孩子着想,而对"教育"所付出的努力,都将会以回忆的形式,确实地永存于孩子心中。